신학수상

강의실을 은퇴하는 구약학 교수의 강의실 밖의 생각들

신학수상

초판 1쇄   2019년 12월 15일

발 행 인   정창균
지 은 이   현창학
펴 낸 곳   합동신학대학원출판부
주   소   16517 수원시 영통구 광교중앙로 50 (원천동)
전   화   (031)217-0629
팩   스   (031)212-6204
홈페이지   www.hapdong.ac.kr
출판등록번호   제22-1-2호
인 쇄 처   예원프린팅 (031)902-6550
총   판   (주)기독교출판유통 (031)906-9191

ISBN   978-89-97244-76-8 (93230)
값은 뒷표지에 있습니다.

「이 도서의 국립중앙도서관 출판예정도서목록(CIP)은 서지정보유통지원시스템
홈페이지(http://seoji.nl.go.kr)와 국가자료종합목록시스템(http://www.nl.go.kr/
kolisnet)에서 이용하실 수 있습니다. (CIP제어번호 : CIP2019048935)」

신학
수상

현창학

강의실을
은퇴하는
구약학교수의
강의실 밖의
생각들

합신대학원출판부

$2 \cdot$ 생활

3. 구약신학

4 · 시편과 지혜서

학자는 젊어서는 학문에 기여하고, 연륜이 쌓인 노년에는
인생에 기여한다. 젊어서 학자의 가치는 그의 학문적 탐구가 얼
마나 창의적이며, 그의 학문방법이 다른 학자들의 연구와 얼마
나 넓고 깊게 교류하고 있으며, 그의 진술들이 얼마나 치밀한
논리를 갖추었는가에 있다. 그는 학자로서 그가 속한 학문에 기
여한다.

연륜이 쌓인 노년의 학자는 그의 학문이 연륜과 함께 무르익
는다. 그의 학문이 연륜에 녹아지고 통합되어서 인생을 보는 그
자신의 진술과 고백으로 영글어진다. 노년이 되면 학문적 수준이
떨어진다는 말이 아니다. 단순한 학문세계의 차원을 뛰어넘는다
는 말이다. 그의 말은 굳이 각주를 동원하여 신뢰성을 증명할 필
요가 없다. 학문을 연륜으로 해석하고 녹여낸 그 자신의 말이 곧
각주가 된다. 그리하여 그는 학문이 아니라, 인생에, 사람들의 삶
에 기여를 한다. 원숙한 경지에 이른 노년의 학자의 여유로움과
멋스러움이 여기에 있다. 그렇게 보면 모든 고급스런 학문은 궁

극적으로 한 점에서 만난다. 사람 살아가는 이야기가 된다.

신학은 더욱 그러하다. 신학은 목적이 아니라, 수단이기 때문이다. 교회를 위하고 사람을 위하는 수단이다. 현창학 교수는 합신의 자랑스런 구약학자이다. 그의 학문적 치밀함과 내용의 정밀함은 정평이 나있다. 그가 이제 평생 선생으로 함께 하던 자리에서 연륜 있는 어른이 되어 학교를 은퇴한다. 그의 학문적 깊이가 있는 지혜서 해석은 연륜이 더해지며 어느덧 우리들 자신의 삶의 지혜가 되었다. 그가 하는 시편 강의는 단순히 시편해설이 아니라, 바로 우리 신자들이 일상에서 살아가는 우리의 이야기가 되어 다가온다. 학문적 깊이와 수준이 그의 연륜에 녹아들어 어느덧 감동이 있는 우리의 이야기와 잇대어 들려온다.

모세는 강을 건너 가나안에 들어갈 이스라엘 백성에게 행한 긴긴 설교의 마지막에 간곡한 부탁 한 마디를 붙여놓았다. "옛날을 기억하라 역대의 연대를 생각하라 네 아버지에게 물으라 그가 네게 설명할 것이요 네 어른들에게 물으라 그들이 네게 말하리로다"(신 32:7). 아버지와 어른들의 옛날과 역대의 연대에 대한 기억력과 지식을 말함이 아니다. 그 세상을 살아낸 그들의 연륜에서 나오는 교훈과 책망과 바르게 함의 지혜를 말하는 것이다.

현창학 교수는 이제 우리 가운데 있는 구약학 선생님에서 우리가 구약은 물론 합신의 역사와 신학과 정체성을 묻고, 어떻게 살아야 할지 인생을 묻고, 그의 설명과 답과 스토리를 들을 어른이 되어 학교를 떠난다. 그러나 우리는 계속하여 이 어른에게 물을 것이고, 그는 학교 강의실에서, 그의 책에서, 마주보고 앉아 차 한 잔을 나누는 자리에서 계속하여 우리에게 설명하고 말하고 답할 것이다. 나는 합신의 이러한 분위기와 전통이 너무 좋고 자랑스럽다.

학교를 은퇴하는 현창학 교수의 이러한 가치를 귀히 여겨 구약학 학술논문이 아니라, 학문과 연륜이 녹아지고 통합된 경지에서 담담히 내놓는 일상의 이야기들을 듣고자 이 책을 발간한다.

2019. 12.
은퇴를 앞둔 현창학 교수의 그간의 헌신에
감사와 축복을 담아

합동신학대학원대학교
총장 정 창 균

머리말

합신에서 18년 봉직하며 여러 잡지나 신문에 신학수상을 쓴 것이 40편 정도 되어 한 곳에 모아 보았다. 각기 다른 상황에서 다른 필요를 따라 다른 주제로 쓴 것들이지만 모으고 보니 나름대로 하나의 글이 된 느낌이다. 전체를 복음, 생활, 구약신학, 시편과 지혜서, 글쓰기 등 다섯 가지 큰 주제로 분류했다.

특별한 관심으로 격려해 주신 정창균 총장님의 배려가 없었다면 이 책은 나올 수 없었을 것이다. 일반 교우나 목사님, 신학생들과 격의 없이 정담을 나누듯 알기 쉬운 글을 써달라는 말씀에 그 동안 이곳저곳에 기고한 글들을 한 곳에 모으는 용기를 내게 되었다. 다시 한 번 정 총장님께 깊은 감사의 말씀을 올린다.

수상 모음이니 일관성이 떨어질 것이라는 우려는 얼마든지 가능한 것이나 매 글을 쓸 때 가졌던 고민의 진지성은 지금도 마찬가지이다. 그리고 한 사람의 고민이라는 것이 갑자기 달라지는 것이 아니어서인지 모은 글들은 몇 가지 주제 범위 안에 들어오는 것들이었고 따라서 일정한 방식으로 배열하는 일이 가능한 그런 것들이었다. 한국교회가 복음을 바르게 그리고 깊이 있게 이해하는 일이 절실하다고 느껴 왔고, 또한 구약성경을 (어려운 부분이라 하더라도) 오해하지 않고 바르게 섭취하는 일이 시급하다고 늘 느껴 왔다. 모으고 보니 대강 그러한 주제의 글들이었다. 부족한 논술이지만 교회의 신앙이 새로운 활력을 얻고 성숙을 향하여 새로운 도약을 할 수 있기를 기원하고 고민하는 독자 제현과 조금이나마 교감하는 기회가 될 수 있었으면 하는 작은 바램을 가져본다.

　주로 합신 신학 저널인 「신학정론」, 합신 소식지 「합신은 말한다」, 교단 신문 「기독교 개혁신보」, 사명의 교회 소식지 「사명의 소리」 등에 실렸던 글들을 모은 것이다. 글을 쓰는 것은 공부하는 사람의 특권이나, 적어도 필자같이 우둔한 사람에게는 상당한 고통이 따르는 일이었다. 교수 생활을 하면서 제일 피하고 싶은 일이 있었다면 글을 주문받는 일이었을 것이다. 또 고생을 해야 하나 하고 그런 주문은 되도록 피하려했다. 독자들과 조금이라도 소통이 있으면 그 보람은 이루 말할 수 없이 컸으나 재능이 부족하여 조그마한 생각이라도 글로 만들어 내는 일은 여간 부담되는 일이 아니었다. 시간도 예상한 것보다 훨씬 많이 들어가고 상당히 집중해야 하며 많은 인내를 필요로 하는 일이 글을 쓰는 일이었다. 흐르는 글이 되도록 한 문단을 수십 차례라도 고쳐 써야 했다. 그러다보니 어떤 예술인의 말처럼 글은 필자에게 "엄청 좋고 엄청 싫은" 일이었다. 학자의 존재 이유요 보람이요 마치고 나면 기쁨이 크니 엄청 좋은 일이었지만, 그러나 제일 하기 싫은, 피하고 싶은 일이었다. 글을 제 시간에 송고한 적도 거의 없는 듯하다. 항상 늦어진 것에 대해 미안한 마음으로 사과하며 송고했다. 그러나 힘들어서였는지 글 쓰는 일은 최선을 다한 일이라는 느낌이다. 좋은 글이 못 되어 그렇지 최선을 다했다. 글을 마치고 나서의 기쁨은 또 어떤가. 글을 보낸 후에 느끼는 자유나 홀가분함만큼 교수 생활을 흥분시키고 즐거움을 주는 일이 또 있었을까 싶다.

한국교회 안에 살면서, 한국교회의 고민을 안고(그것이 곧 내 고민이기도 한 범위 내에서만) 스스로에게 수없는 신학 실험을 하면서 겪고 아주 조금 깨달은 것들을 쉽게 풀어 쓴다고 쓴 것들이 이 작은 편린들이다. 우리 신앙에 대해 반성하면서 조금이나마 하나님 보시기에 합당한 믿음으로 성장하기를 고대하며 고민하시는 독자들께 아주 작은 교감이라도 될지언정, 안두를 어지럽히는 결례는 범하지 않았으면 하는 바람뿐이다.

하나님은 우리의 이해가 닿지 않는 '큰 신비의 공간'을 지니신 분으로 섭리의 은혜로 우리의 삶에 접촉하시어 그리스도의 말할 수 없는 큰 사랑으로 우리를 인도하는 분이시다. 삶의 중요한 국면에는 하나님이 반드시 개입하신다. 우리가 좋게 보았던 길을 방해하기도 하시고 가로막기도 하신다. 당시는 결코 이해되지 않는 일이었지만 굳이 다른 선택지로 방향을 틀기도 하신다. 그러나 모든 것은 가장 좋은 것(선택)이었다. 가장 정확하고, 더 이상 좋을 수가 없는 완벽한 지점에 이르게 하신다. 하나님의 지혜와 사랑이 여기에 있다. 적지 않은 기간 합신에서 일하게 하시고 많은 사랑을 받게 하신 하나님 아버지께 다시 한 번 감사의 기도를 올린다.

2019년 12월
광교, 합신 캠퍼스에서
현 창 학

신학
수상

강의실을 은퇴하는
구약학 교수의
강의실 밖의 생각들

1
복음

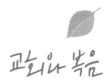

교회와 복음

교회(교인들)의 삶이 왜 잘 성장하지 않을까. 신학자들과 사역자들이 오랫동안 물어온 질문이다.

결론부터 말하라 한다면 그간 교회가 교인들을 복음으로 훈련하지 못한 것이 주된 원인일 것이라는 것이 필자의 생각이다. 언제부터인가 한국교회는 "복 받고 잘 되는" 일에 너무나 관심을 많이 경도하는 기독교가 되어버렸다. 복 받고 문제 해결하는 것이 일차적 가치가 되고, 하나님과 바른 관계를 맺고 그분의 뜻에 순종하고 하는 것은 이차적 가치가 되거나 아예 가치 서열에서 빠지게 되고 말았다. "하나님께 영광"은 말은 있지만 실천적으로는 아무 의미 없는 개념이다. 예배드리고 기도하고 헌신하고 하는 것들마저 복 받고 문제를 해결하는 일에 하나의 방책이 되어버린 느낌이다. 어쩐지 우리는 이미, 성경이 요구하는 하나님 중심의 신앙이 아닌, 사람 중심의 신앙 양태를 상당 기간 숙성시켜 온 것은 아닌가 하는 생각이 든다.

바른 신앙을 "복음적 생활"이라는 말로 표현해보자. 복음적 생활은 "회개하여 죄사함 받고 자유롭게 순종하는 생활"이라 정의할 수 있다. 복에만 관심을 두는 태도를 지양하고, 하나님과 바른 관계를 맺어가는 일에 우선적 관심을 두는 신앙을 말한다. 이제 복에 대해서는 더 이상 관심을 가지지 않기로 결단하는 것을 말한다. 우리는 하나님 한 분으로 족하다. 복은 하나님과 바른 관계 속에 살아가면 하나님이 으레 주시게 되어 있으니 우리의 걱정할 바가 아니다. 그것을 쫓는 것은 건강한 신앙이 되지 못한다. 따라서 우리에게 진정 필요한 것은 "복받는 생활"이 아니라 "복음적 생활"이 되는 것이다.

인간은 근원으로부터 철저히 부패한 죄인이다. 스스로는 지옥을 생산해낼 수밖에 없으며 궁극적으로 영원한 저주에 처할 수밖에 없는 비참하고 가련한 존재이다. 복음은 이처럼 비참한 인간의 운명을 일거에 해소한다. 갈보리 십자가에 흘리신 그리스도의 보혈이 인간의 죄를 말끔히 씻으시는 것이다. 그리고 죄 씻음 받은 인간으로 하여금 받은 은혜에 감격해 하면서 자원하고 사랑하는 마음으로 말씀에 순종할 수 있도록 돕는다. 다른 욕심은 버리고 오직 하나님과 그분의 뜻에만 착념하며 변화를 체험해 나아가는 것이 "복음적 생활"이다. "복받는 생활"을 고집하면 결코 성장을 경험할 수 없다. 모든 것이 이기적인 자신의 욕심을 중심으로만 맴돌기 때문이다. "복음적 생활"을 지향하면 변화와 성장을 경험하게 된다. 죄인이 십자가 앞에 노출되어 죄가 사함 받고 죄가 성령의 능력으로 점점 소멸되기 때문이다. 성화는 인간의 계산과 상상을 초월하는 하나님의 신비인데, 죄가 십자가 앞에 드러날 때에 일어나는 신비이다.

일반 대중의 심성이 지니는 종교적 요구를 "백성의 소리" (*vox populi*)라고 한다. 평균 교중은 (성경) 계시의 내용과는 상관없이 자신들이 듣고 싶어 하는 것을 가지고 있다. 이 단순하고 세속적인 종교적 요구가 백성의 소리이다. 기독교 설교나 가르침은 이와 같은 대중의 요구에 호응하는 것이어선 안 된다. 당연히 교회는 교중을 아픔을 위로하고 삶을 위한 용기를 북돋워 줘야 한다. 그 책임을 소홀히 해도 좋다는 말이 아니다. 다만 백성의 소리라는 교중의 요구에만 부응하고자 하면 그것은 기독교일 수 없다는 것이다. 만일 기독교 강단의 설교가 백성의 소리만 반영하고 그것에만 호응하는 것이라면 그것은 계시를 강해해야 하는 기독교 설교의 사명을 애초부터 포기한 것이다. 그러한 설교가 유발하는 신앙의 양태가 바알 신앙이나 무속 종교의 그것과 얼마나 다를 것으로 기대할 수 있겠는가. 계시는 하나님과 하나님의 백성의 관계에 관심을 가진다. 그리고 다가오는 하나님 나라에 관심을 둔다. 성경 말씀 전체의 줄기를 잡아 성경이 지시하는 방향으로, 그리고 하나님이 원하시는 내용을 전하는 것이 기독교 설교의 사명이다. 이것이 설교나 교회의 가르침이 백성의 소리에

매몰되고 있지 않은지 늘 심각하게 반성해야 하는 이유이다.

10년, 20년, 30년 예수를 믿었는데 어느 날 자신을 돌아보니 자신의 신앙이 전혀 자라지 못한 모습을 확인하고 놀라며 좌절하는 일이 그리도 흔한 이유는 무엇인가. 그 정도 믿었으면 (주위의 어려움이나 환경 변화, 도전 따위에) 어느 정도 안정되고, 신앙이 현격히 자라 있지는 못하다 하더라도 적어도 무언가 성장하고 있는 점이 감지되는 수준이라도 되어야 하는데 전혀 그런 것을 발견하지 못함으로 인해 그리스도인들이 겪는 낙심은 실로 심각한 것이다. "복음적 생활"로 본격적인 훈련이 되지 못한 데서 오는 필연적인 결과라 할 수밖에 없을 것이다.

하루하루의 생활이 십자가 앞에 살아가는 생활이 되도록 교우들을 도와야 한다. 십자가는 처음 예수 믿고 세례 받을 때에 한 번 고백하고 마는 것이 아니다. 처음 영접하고 나서 꾸준히, 그리고 시간이 지날수록 더 가까이 붙들어야 하는 무기이다. 신자의 일생은 죄와, 원수와 험난한 싸움을 싸우는 일생이다. 한시도 그 싸움에서 자유로울 수 없다. 싸움에 이김으로 얻는 자유만 있을 뿐이다. 십자가는 이 싸움의 승리를 위해 필수적인 영적 무기이다. 십자가 앞에서 자신에 대해 진실되고 철저한 성찰을 해야 한다. 인간은 죄 가운데 출생하여 하나님께 대해 끊임없이 반역하며, 하나님을 대항하여 필사적으로 싸우고 미워하는 존재이다. "마음의 욕망으로 말미암아 열렬히 악을 지향하는"(기독교 강요

2권 3장) 존재이다. 스스로는 지옥 밖에는 창출해 내지 못하는 전적으로 부패한 존재이다. 헛된 자만이 설 곳이 없다. 십자가 앞에 나아가 자신의 죄인됨을 회개하고 죄를 사하시는 은혜를 누리므로 늘 감사해야 한다.

십자가의 은혜에 감사하는 마음은 곧 자신을 부인하는 생활로 이어진다. 십자가는 죄를 용서할 뿐만 아니라 죄를 버리게 하는 능력도 되기 때문이다. 자신의 죄를 들고 십자가 앞에 나간 죄인은 사죄의 은총만 경험하는 것이 아니라 그 죄를 조금씩 버리는 변화의 능력도 덧입는다. 성도는 십자가와 부활의 능력을 힘입어 자신의 내면의 인격에 칼을 대는 사람이다. '자기부인'(self-denial)은 성도의 삶의 양식인 것이다. 이처럼 자기부인을 지속할 때 그리스도인은 예수님의 인격에 조금씩 다가가게 된다. 십자가에서 자유를 얻고 예수님의 인격을 닮아가는 것이 복음으로 훈련되는 생활이다.

하루아침에 성화의 큰 효과를 기대할 수는 없다. 그러나 매일 드리는, "조금씩" 이루어 주시기를 간구하는 기도가 성도의 생활에 큰 변화를 가져온다. 자신의 내면에 똬리를 틀고 있는 완고한 인간, 자기중심의 인간, 교만한 인간, 혼자만의 인간의 죽음을 소원하되 조금씩 이루어주시기를 기도하면(하루아침에 되는 것이 아니므로 이렇게 하는 것이 현실적인 기도임) 변화의 실제를 서서히, 매우 서서히 경험해 나가게 된다. 설교자와 사역자는 이 변화의 실제를 "실체적 실재"(substantial reality)로 알고 있어야 한다. 변화가 관념이나 머릿속의 생각이 아니라 실천적인 지식이 되어 있어야 한다는 말이다. 자신은 (실천적으로) 알지 못하고 있으면서 성화의 당위만 수없이 설교한다 한들 시끄러운 미사여구만 될 뿐이다. 성도들에게 십자가로 변화 받는 삶이 실제로 일어나게 하려면 설교자는 설교의 자산으로 반드시 이 실천적 지식을 보유해야 한다.

십자가 앞에 나아가 죄사함 받고 내면의 인격이 변화 받게 하고 더 나아가 세상을 변화시키는 책임을 다하게 하는 복음의 교육, 이 기독교의 본질에 충실할 때, 교회의 신앙은 안정을 찾으며 성숙을 경험하게 될 것이다. 산만한 세상의 관심을 내려놓아야 한다. 하나님이 성경 전체를 통해 계시하시고 그리스도를 통해 이루어 주신 구원의 복음에 성실하는 것이 우리의 미래를 여는 길이다.

단 하나의 싸움

그리스도인의 삶은 어떤 것이 되어야 하는 것일까. 너무 "복" 받는 일에만 "문제" 해결하는 일에만 관심을 쏟지 않고, 자신이 죄인임을 고백하며 십자가 앞에 나아가 죄사함 받으며 말씀에 순종하려 애쓰는 태도가 아닐까. 하나님과의 관계에 일차적 관심을 두고 하나님 앞에 자신을 다듬어 가는 생활을 말한다.

십자가는 죄를 사할 뿐 아니라 죄를 버리게 하는 능력이다. 자신의 죄를 들고 십자가 앞에 나아간 죄인은 사죄의 은혜만 경험하는 것이 아니라 그 죄를 조금씩 버리는 변화의 능력을 덧입는다. 성도는 십자가와 부활의 능력을 힘입어 자신의 내면의 인격에 칼을 대는 사람이다. 자기 부인(self-denial)이 삶의 양식인 것이다.

인격의 변화는 하루아침에 이루어지는 것은 아니지만 조금씩 꾸준히 일어나는 일임을 기억하자. 문제는 하나님과의 관계, 또는 예수님 인격을 닮아가는 일에 대한 관심이다. 이 땅에서의 안전과 번영에만 관심을 갖는 자세로는 변화는 일어날 수 없다. 성화를 이루려면 성화에 대한 동기와, 목표와, 전략과, 노력이 있어야 한다. 현재 우리의 상황으로서는 동기가 무엇보다 중요하다. 동기가 없거나 분명하지 않기 때문에 목표, 전략, 노력 따위도 따를 수 없다. 그러다 보니 우리 성도들의 삶에는 성화 즉 인격의 변화라는 신앙의 결과물이 잘 나타나지 않는다.

성화는 복이나 문제 해결 이전에 하나님께서 우리 영혼을 향해 우선적으로 원하시는 바다. 성화에 대한 동기(관심)를 가지고 예수님의 인격을 목표로 하여 자신만의 전략을 수립하고(개개인에게 특수할 수 있음) 피나는 노력을 해야 한다. 이 세상의 어떤 싸움보다 힘겨운 싸움일 수 있다. 그러나 우리는 이 싸움에서 반드시 승리해야 한다.

하나님은 우리에게 피와 땀과 눈물을 요구하신다. 박윤선 목사님이 어느 설교에서 "거룩을 위한 싸움에서 우리는 죽을 지경으로 싸워야 하고 때론 죽기도 해야 한다"고 말씀하신 것이 생각난다. 우리의 성화의 싸움을 가장 핵심 있게 표현한 말씀이라 생각한다.

현대 교우들의 생활 속에 오도된 피동성이 너무 지배하는 것 아닐까. 출석, 헌금, 봉사 등 몇 가지 해놓고 성화는 저절로 이루어지는 것처럼 생각하고 정작 인격의 변화에 대해서는 수수방관으로 일관하는 것은 아닐까. 성화가 싸움이며, 수수방관과는 전혀 거리가 먼 능동적인 싸움이고, 적극적으로 치열하고 처절해야 하는 싸움인 점을 두루 환기하는 일이 현재로서 가장 시급한 일이 아닐까.

성도의 전선(戰線)은 여러 개가 아니다. 단 하나다. 죄와의 싸움, 죄와의 전선 바로 그것 하나다. 이것도 걱정하고 저것도 걱정하고 이것도 두려워하고 저것도 두려워하고 그런 것이 성도의 삶이나 싸움이 아니다. 질병과도 싸우고 가난과도 싸우고 부도 위험과도 싸우고 아이의 수능성적과도 싸우고 그런 것이 성도의 삶과 싸움이 아니다. 죄와의 싸움 하나를 잘 싸워야 한다. 죄와의 싸움을 잘 싸워 내면 이 모든 것은 다 해결되게 된다는 것이 성경이 약속하는 삶의 질서가 아닌가. 우리 성도들이 너무 산만한 싸움을 싸우고 있는 것 같아 보인다. 낙동강 전선만 방어하면 되는데 불필요한 병력을 광주에도 보내고 충주에도 보내고 하는 그런 격이다.

십자가는 (그리고 부활은) 죄를 사할 뿐만 아니라 죄를 이기는 능력이다. 십자가 구속으로 우리는 이길 수 있는 새 존재가 되었고 삼위 하나님이 우리 안에서 우리의 싸움을 도우신다. 하나님이 우선적으로 원하시며 하나님과 동행하는 길인 줄 생각하고 죄와의 싸움, 성화의 싸움에 진지하게 임해야 한다. 싸워야 하는 전선이 파악되면 오히려 세상 걱정 근심 두려움은 물러간다. 이 단 하나의 싸움에서 반드시 승리하여 참되고 궁극적인 승리를 누리는 우리가 되어야 한다.

복음의 실력

우리는 신앙이 왜 잘 자라지 않을까. 또 환경의 조그만 변화에도 안절부절 하며 중심을 잡지 못할까. 조금만 어려움이나 난관이 다가와도 갈팡질팡하며 신앙이 없는 사람처럼 어수선한 행동을 보인다. 예수님을 구주요 주인으로 모신 사람으로서 살아가는 긍지와 차분함과 자신감을 좀처럼 찾아볼 수 없다. 은사는 왜 그렇게 사모할까. 건강한 신앙의 열심이라기보다는 뭔가 채워지지 않는 종교적 욕구를 채우려는 몸부림이 아닌가 싶어 안쓰러울 때가 있다.

교우들이 복음을 충분히 배우지 못해서 그런 것이 아닐까 생각한다. 복음을 적절히 배우고 익히면 거기에 모든 '종교적인 만족'도 있을 텐데 정작 가장 중요한 부분이 우리가 약한 것이 아닐까 생각된다. 복음이 부족한 곳에 무속과 기복이 파고든다. 정작 충분히 무장되어야 할 복음 부분이 취약하기 때문에 생의 작은 난관만 다가와도 당황하기 십상이고 미신적인 두려움에 빠지기 일쑤다. 죄를 이기고 예수님 성품을 닮아가는 성장의 과정도 부실할 수밖에 없다. 그리고 채워지지 않는 종교적인 만족은 은사 집회나 이상한 신비체험을 사모하는 쪽으로 수시로 표출된다.

매사가 그러하듯이 우리 신앙 훈련도 기본이 중요하다. 복음을 잘 배우고 몸에 충분히 습득하는 것이 요긴하다. 그러면 어려움이 와도 당황하지 않고 성숙의 과정(성화)이 꾸준히 지속될 수 있고 주님과 인격적으로 교제하는 기쁨도 심화시켜 나갈 수 있다. 복음은 교회에 처음 등록할 때 한 번 소개하고 마는 것이 아니고 신자의 일생을 통해 꾸준히 그리고 늘 새롭게 가르쳐져야 한다. 신자는 일생을 영적 전투를 치르는 사람이다. 그 전투의 무기가 바로 복음이다. 무기 다루는 법이 생략된 훈련이란 있을 수 없다.

하루를 생활하면서 십자가를 많이 묵상하는 것이 중요하다. 잡다하고 복잡한 생각을 좀 줄이고 그렇게 하는 것이 필요하다. 십자가 앞에서 자신에 대해 진실하고 철저한 성찰을 하는 습관을 기르는 것이 중요하다. 그러한 성찰이 회개로 이어지며 회개는 곧 십자가 복음에 접촉하는 통로가 된다. 자신이 부패한 죄인인 것을 깨달으면서 성도는 십자가의 사죄의 은총에 감읍하게 된다.

십자가는 죄를 용서할 뿐만 아니라 죄를 버리게 하는 능력이다. 자신의 죄를 들고 십자가 앞에 나간 죄인은 사죄의 은혜만 경험하는 것이 아니라 그 죄를 조금씩 버리는 변화의 능력을 덧입는다. 성도는 십자가와 부활의 능력을 힘입어 자신의 내면의 인격에 칼을 대는 사람이다. '자기부인'(self-denial)이 성도의 삶의 양식(lifestyle)인 것이다. 자기부인을 통하여 성도는 예수님의 인격에 조금씩 다가간다.

하루를 십자가 앞에 사는 생활은 숙달과 숙련이 필요한 과정이다. 꾸준히 그리고 늘 새롭게 가르쳐져야 한다. 우리는 하나님이 우리의 죄를 깨닫고 버릴 수 있도록 경책하실 때 이 부르심에 마음을 여는 습관을 길러야 한다. 하나님의 경책은 부드러운 부르심으로 우리에게 온다. 경책은 저주나 불행이 아니고 오히려 갈보리 십자가 사랑을 새롭게 만나는 절호의 은혜의 기회이다. 하루를 복음의 의(義)에 마음을 두고 사는 사람은 아무런 두려움이 없다. 복음의 부르심에 마음을 연 이에게 하나님이 곧이어 회복과 복된 미래를 준비하시기 때문이다. 문제를 문제로만 푸는 가르침을 지양하고 복음으로 하나님과의 관계를 정립해 가는 교육을 베푸는 것이 우리 강단의 복음의 실력이 아닐까.

다시 한번 정리해보자. 복음의 은혜를 받고 살아가는 일은 우리 자신을 바로 아는 일로부터 출발한다. 인간은 죄 가운데 출생하여 하나님께 대해 끊임없이 반역하며, 하나님을 대항하여 필사적으로 싸우고 미워하는 존재이다. "마음의 욕망으로 말미암아 열렬히 악을 지향한다"(기독교강요 2권 3장). 우리는 자신에 대해 결코 헛된 자만을 가져선 안 된다. 고로 늘 갈보리 십자가 은혜 안에 살아가야 한다. 갈보리 십자가를 묵상하고 그 앞에 설 때마다 우리는 자신을 살피며 회개하게 되고, 죄 용서를 경험하며, 자신을 부인하는 능력을 덧입게 된다. 이것이 성도의 삶의 요체이다. 하루에도 가급적 많이 갈보리 십자가 사랑을 묵상하는 것이 중요한 일이다. 날마다 자기 부인을 통하여 예수님의 인격에 조금씩 다가갈 것이기 때문이다.

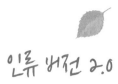

인류 버전 2.0

성경은 줄기차게 의로운 삶을 살 것을 요구한다. 구약이 특히 그러하고, 잠언이 특히 그러하다. 의로운 삶은 생을 성공적으로 사는 방법이며 생의 참다운 의미가 되기 때문이다. 이 소중한 가르침을 우리는 어떻게 살아낼 수 있을 것인가. 성경이 그토록 의(義)에 대해 가르치지만 우리는 놀라울 정도로 이에 대해 무심하다. 복과 안전에 대한 과도한 관심이 우리를 향하신 하나님의 간절한 요구에 무관심하게 하는 것은 아닐까.

예수 믿는 사람이 하나님을 기쁘시게 하는 의로운 삶을 살고자 하면 우리 자신에 대한 지식이 가장 중요하다. 신학적으로 말하자면 인간론이다. 예수 믿고 구원 받았으니 이제는 세상 복이나 실컷 챙기며 살자 하면 신자의 삶이나 인격의 성숙 같은 것은 성립할 수 없다. 나는 누구인가. 두 가지가 철저히 인식되어야 한다. 첫째 나는 죄인이다. 그리고 둘째, 나는 새존재이다. 우리는 이 두 가지를 동시에 지니고 있는 이중적 존재이다. 이것이 역사적 시간을 살아가는 우리의 긴장이며 역동성이다. 그런데 유감스럽게도 우리는 이 두 가지 모두에 대해 모호하게 의식하고 살아간다. 아니 무지하기까지 하다. 인간론은 기독교 신앙의 가장 중요한 핵심인데 놀라울 정도로 이에 무관심하고 무지하다.

죄인이라는 철저한 인식이 있어야 십자가 앞에 겸손히 서는 '경건'이 가능한데 죄인이라는 지적은 불쾌하게 생각되고 따라서 강단에서도 자주 언급하는 일을 꺼리게 된다. 고작 세례 받을 때 십자가에 대한 고백을 한 번 하고 나면 그 이후 사는 내내 나와 십자가는 무관하다. 실천적으로 그리스도 없는 그리스도인인 셈이다. 나 자신에 대해, 내가 죄인이라는 것에 대해 아는 것처럼 중요한 것이 없다. 인간은 '하나님께 대항하여 필사적으로 싸우고 미워하는 존재'이다. 하이델베르그 요리문답 5문은 우리가 율법을 지키지 못하는 이유에 대해 우리가 지닌 '하나님을 미워하고 우리 이웃을 미워하는 자연적인 경향(natural tendency)' 때문이라고 한다. 칼빈의 말처럼 우리는 '육신의 욕망으로 말미암아 열렬히 악을 지향하는 존재'이다. 우리의 모든 고통과 불행이 이 부패의 뿌리에서 왔지 않은가. 이러한 우리 자신을 알 때 우리는 진정으로 십자가의 구속을 필요로 하게 되고 그것을 주신 은총에 생에 다함이 없는 감사를 드리게 되는 것이다.

죄인이라는 사실에 못지 않게 무지한 것은 내가 새존재라는 사실이다. 죄인이라는 사실에 대한 의식도 희미하지만, 새존재라는 사실은 어찌 보면 까맣게 모른다는 말이 나올지 모른다. 막연히 '나는 죄인이야, 그러니 아무것도 못해' 하는 생각이 가장 큰 망조다. "누구든지 그리스도 안에 있으면 새로운 피조물이라 이전 것은 지나갔으니 새 것이 되었도다!"(고후 5:17). 그리스도의 십자가와 부활의 구속의 효과는 죄를 사해주시는 것만 아니라 죄를 이길 수 있는 새로운 능력을 부여하는 데까지 미친다! 그리스도께서 부활하신 것은 우리로 하여금 새 생명 가운데 행하게 하려고 하신 일이라 하지 않는가(롬 6:4-5). 우리는 어찌 할 수 없는 죄인이기도 하지만 동시에 죄를 이기고 하나님의 의의 종이 될 수 있는 새존재이기도 한 것이다. 근대적 사고로는 이해 안 되는 모순이지만 이것은 성경이 증언하는 틀림없는 사실이다. 스스로 구원 불가하고 아무것도 할 수 없는 죄인이지만, 주님의 죽음과 부활의 공로와 능력으로 우리는 이제 죄를 이길 수 있게 되었다! 불행이 어디 있으며 사망이 어디 있는가. 우리는 승리했고 앞으로 계속 승리할 것이다!

'복'에 대해서는 좀 그만 관심을 가지자. 하나님이 아셔서 모든 것을 주신다. 우리는 '복음'에만 관심을 가지면 된다. 그리스도처럼 되고 그리스도의 나라를 이 땅에 이루는 관심이다. 이 땅에는 두 종류의 인류가 살고 있다. 하나는 처음부터 있던 그냥 인류(version 1)이고, 다른 하나는 인류 버전 2.0(version 2.0)이다. 버전 2.0의 인류는 그리스도의 구속을 받은 인류이다. 이 인류는 외양으로 보면 그냥 인류와 꼭 같지만 영적으로 속이 다른 존재들로서, 그리스도로 말미암아 거듭나 죄를 이기고 마귀를 이기고 이 땅에 하나님 나라와 의를 실현해 나갈 수 있는 인류이다. 자신의 인격을 깎아가며 교만과 완고와 이기주의를 극복해 나가는 인류이고, 하나님 나라의 가치를 실현하여 창조신학적 책임을 다하는 인류이다.

하루하루의 삶이 고달프고 힘겨운 것은 사실이다. 그것을 기도하지 말라는 말은 아니다. 하나님은 그 기도에 그분 특유의 성실하심으로 세밀히 응답해 주실 것이다. 그러나 그 기도에만 머무르지 않고 주님을 닮는 일과 주님의 뜻을 실천하는 일을 위해 뜨거운 기도로 나아간다면 그것이야말로 그리스도인이 누려야 하고 누릴 수 있는 '초월'이 아닐까.

십자가 앞에서 자신의 죄를 늘 살피는 일, 부활의 능력을 힘입어 새사람으로 날마다 (기도와 자기부인으로) 거룩을 이루어 가는 일, 이것이 그리스도인됨의 참 주소가 아니겠는가. 새존재의 새 관심, 새 동기, 새 기도가 왜 이토록 그리워지는가.

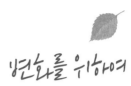

변화를 위하여

긴 여름이 지나고 이제 새 학기를 맞게 된다. 지난 여름은 유난히
도 피곤하고 암울한 사건 소식이 많았던 여름이었다. 동시 다발
로 터진 여러 사건들 때문에 온 국가는 만신창이가 되어버린 느
낌이다. 세월호를 시발점으로 GOP의 총기 난사 사건, 어느 사병
의 폭행치사 사건 등 젊은이들이 희생되는 사건이 우리 사회에
는 끊이지 않고 있다. 도대체 우리 사회는 헌신적 봉사는 고사하
고 자신의 본래적 책임이라도 성실히 수행하고자 하는 믿고 맡
길만한 공공의 기구나 제도 같은 것이 있기라도 한 것인지 본질
적인 의구마저 들게 한다.

　다 낯을 들 수 없을 정도로 부끄럽고 참담한 사건들이지만 그
중에 세월호 하나를 살펴보자. 필자가 느끼기에 이 사건은 우리
의(우리 사회의) '민낯'을 아주 긴 시간동안 학습하게 해주었기
때문에 예전의 어떤 대형 사건들보다 충격이 오래고 클 것이며
따라서 우리의 정신사에도 중요한 분수령이 되지 않을까 한다.

이 사건은 우리의 약점과 치부를 종합적으로 잘 학습하게 해주었다. 선박회사의 부정직과 부패, 항해 책임자들의 상상을 초월한 무책임하고 몰염치한 태도, 구조 당국의 이해할 수 없는 안이와 무능, 그리고 그 뒤에 잠복한 우리 사회 곳곳을 좀먹는 파렴치한 관과 기업의 유착, 필자는 기자도 사회학자도 아니어서 이 사건을 이루는 요소를 다 열거할 수도 없다. 먼 대양 한 가운데도 아니고 눈에 빤히 보이는 연안에서 어린 생명을 포함한 300여 생명을 고스란히 잃어 버렸다. 세월호에 등장한 모든 부정적인 요소가 동시에 일어날 확률은 몇 백만 분의 일이라 한다. 일어날 수도 없고 일어나서도 안 되는 어처구니없는 뻔뻔한 일이 일어난 것이다.

목사의 결론이 뻔할 수밖에 없다고 하겠지만 이 어처구니없는 엄청난 일이 다 교회의 책임이라고 생각이 드는 것이다. 아모스서 1-2장은 이스라엘 주변국들이 저지른 잔학상을 고발한다. 고요히 사는 사람들을 잔인하게 죽이지 않나, 한 마을을 초토화한 다음 마을 주민들을 모조리 노예로 팔아먹지 않나, 남의 나라 왕의 무덤을 파고 그 왕의 뼈를 불살라 재를 만들지 않나, 인간이 저지를 수 있는 가장 끔찍하고 잔학한 일들이 여기에 고발되어 있다. 그리고 이어지는 것은 유다와 이스라엘에 대한 책임 추궁이다. 유다와 이스라엘은 그런 일은 저지르지 않았을 뿐더러 주변국의 죄에 직접 참여하지도 않았다. 그러나 책임이 있다고 한다. 유다와 이스라엘은 하나님의 말씀(율법)을 경시했다. 그리고 자신들의 사회에 정의를 실현하지 않았다. 이것이 책임이다. 선민이 하나님과 말씀을 두려워하고 말씀에 순종하여 사는 모습을 보였다면 주변국들은 이들을 산 위의 동네요 등경 위의 등불로 보고 그런 잔학한 일들을 저지르지 않았을 것이라는 것이다. 만일 그리스도인들도 그들의 삶이 복음에 순종하는 생활이 되지 못한다면 오늘 세상이 이처럼 미쳐 돌아가는 것이 조금도 이상한 일이 아닌 것이다.

'복음적 생활'에 대해 다시 한 번 생각해 보자. '복'은 인간 보편의 갈구이다. 그리스도인들이 그것을 원하는 것을 탓하고자 하지 않는다. 그러나 그렇다고 그리스도인의 궁극적 관심이나 목표가 '복'이나 '복받는 생활'이 된다면 그것은 종교의 타락일 수밖에 없다. 우리의 경우는 엄연한 우상숭배라고 봐야 한다. 복이야 하나님이 자기 백성에게 어련히 주시랴. 그리스도인은 십자가를 바라보며 자신의 죄를 회개하고 매일의 삶에서 말씀에 순종해 나가는 것을 최우선으로 삼는 사람이다. 그리고 세상에 말씀의 나라가 세워지는 것을 보기까지 간구와 희생을 쉬지 않는 사람이다. 그리스도인이 된다는 것은 이미 그러한 능력을 부여받았다는 것을 의미한다. 우리 안에는 "새로운 피조물"이라는 (고후 5:17) '됨'이 있다. 그리스도의 생명이 우리 안에 있다. "참으로 내 안에 그리스도가 사신다!"(갈 2:20).

우리 교회는 참으로 놀라운 점 한 가지를 가지고 있다. 성화에 대한 말은 어디서 많이 들어본 것 같은데 성화에 대한 목표도 동기도 전략도, 따라서 노력도 없다. 운동 하나만 배우려 해도 레슨도 받고, 책도 읽고, 잘하는 사람 흉내도 내고, 무수히 연습하고 별의별 노력을 다하는데 신자의 생에 그리도 중요한 성화의 완성을 위해서는 공부도 연습도 하지 않는다. 목표도 계획도 열정도 없다. 그냥 은혜로 언젠가 되겠지인데 이 아무것도 하지 않는 '은혜로'가 세월호를 가져 왔다.

참으로 비통한 마음에서 오는 영적 각성만이 정답이다. '국가 개조'란 것이 정부부처 몇 개 없애고 통폐합하는 것으로 되는 일은 아니다. (사회의) 정신 개조가 있어야 한다. 새 사람들만이 할 수 있는 것이다. C. S. Lewis는 우리의 새로운 삶이 드러나려면 우리의 지성이 "일급 전투 자세로"(in first-class fighting trim) 깨어 있어야 한다고 했다(*Mere Christianity*, book III ch. 2). 회개하고 말씀에 순종하며 말씀의 나라를 이루는 싸움의 행복에, 그리스도와 함께 죽는 영광된 꿈의 행복에 사로잡힌 사람들만이 이 참담한 시대의 답이다.

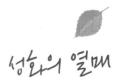

성화의 열매

성화(聖化)란 성령께서 우리 성도를 날마다 거룩하게 변화시켜 주시는 일을 가리키는데 이로써 성도는 시간이 지날수록 죄를 멀리하고 하나님 말씀에 순종하는 생활을 하게 되는 것을 말한다. 성화(거룩해짐)란 하나님과의 관계가 바로 되고 깊어지는 것으로서 우리 신앙에 가장 중요한 요소이다. 하나님께서는 신구약을 통해 자신의 백성들에게 성화(거룩)를 명하셨다: "너희는 거룩하라 나 여호와 너희 하나님이 거룩함이니라"(레 19:2); "오직 너희를 부르신 거룩한 자처럼 너희도 모든 행실에 거룩한 자가 되라 기록하였으되 내가 거룩하니 너희도 거룩할찌어다 하셨느니라"(벧전 1:15-16).

그런데 우리의 고민은 성화가 중요하다는 것은 많이 듣고 배웠으면서도 정작 자신의 생활에 이 열매가 잘 나타나지 않는다는 것이다. 갈라디아서 5:22에 보면 사랑, 희락, 화평, 오래 참음, 자비, 양성, 충성, 온유, 절제라는 성령의 열매를 언급하는데 이런 것이 생활에 전혀 맺혀지지 않는 것을 발견한다. 죄된 생각은 계속되고 마음은 예전이나 지금이나 급하여 화도 잘 내고 시기나 미움도 여전하며 한번 고정된 습관은 잘 고쳐지지 않는다. 본 성상 죄인이기 때문에 어쩔 수 없다 하더라도 적어도 적게나마, 서서히나마 삶의 진보가 있어야 하는데 그것이 없다는 것이다.

왜 이런 일이 생기는 것일까. 아마도 많은 경우 그리고 상당 부분 우리가 성화의 문제, 즉 거룩해 지는 일에 관심을 갖지 않기 때문이 아닌가 한다. 우선 우리는 고난이나 생활의 걱정거리가 다가오게 되면 그것은 아픔이나 위기를 동반하기 때문에 즉각 기도하고 하나님을 찾게 된다. 그래서 이러한 '문제들'은 쉽게 기도와 신앙의 중심이 된다. 그러나 거룩, 즉 죄를 이기는 일은 그렇지 않다. 죄의 문제는 급할 것이 없다. 당장 위험이 오는 것도 아니고 아프지도 않다. 오히려 죄가 달콤할 수도 있다. 그러니까 죄 문제를 놓고는 하나님을 찾거나 기도하는 일을 잘 하지 않게 된다. 그래서 생활상의 '문제'는 기도의 중심에 쉽게 올라가지만 죄의 문제, 즉 성화의 문제는 종종 신자의 관심 밖에 머무르게 되는 것이다.

성화에 무관심하게 되는 또 하나의 원인은 우리 민족의 독특한 종교 성향에서 찾을 수 있겠다. 열심도 있고 복음도 잘 받았으면서 우리는 신앙의 중심 문제인 죄의 문제를 쉽게 잊어버릴 위험이 높은 사람들이다. 우리는 오랜 무속 신앙의 전통 속에 살아

왔다. 그 역사는 2천 년이 될지 3천 년이 될지 그 이상이 될지 모른다. 무속 신앙의 특징은 신적인 존재로부터 안전이나 형통을 얻어내며 재액은 일어나지 않게 하는 일에 모든 관심을 기울이는 것이다. 스스로 도덕적 성결을 유지한다거나 사회에 대해 윤리적 책임을 진다거나 하는 따위의 관념이 없다. 문제는 신자들도 기독교 복음을 받았으면서 쉽게 이러한 성향에 빠진다는 것이다. 그래서 예수 믿고 처음 회심할 때는 제법 죄를 회개하기도 하지만 그 회개란 것이 지속 가능한 회개가 되지 못하고(즉 성화의 추진을 일으키는 강력한 연료가 되지 못하고) 무엇을 받는 일에만 매달리는 신앙으로 쉽게 전락하고 마는 현상을 말한다. 신앙에 있어 가장 중요한 것은 하나님과의 관계인데 이 하나님과의 관계의 문제에는 소홀히 하면서 무엇을 받고 못 받고 하는 일에만 과도히 집착하는 이러한 경향이 우리를 성화에 대한 관심으로부터 멀어지게 해 왔다.

따라서 신앙의 관심을 하나님과의 관계에 맞추는 일이 우리에게는 매우 중요하다. 왜냐하면 우리는 잡다한 '문제들'에 주의를 뺏기기 쉬운 사람들이기 때문이다. 이렇게 본질적인 문제에 제대로 과녁을 맞추어 예수를 믿을 때 우리 신앙이 참다운 성장을 할 수 있다. 또 생활에 어려운 문제들이 다가온다 해도 안정감 있게 의연히 대처하는 능력이 생기게 된다. 관심이 바른 과녁에 맞춰져 있지 못하기 때문에 신앙은 성숙해질 길이 없고 조금만 어려움이 와도 정신없이 흔들리며 마치 신앙이 전혀 없는 사람인 것처럼 당황해 하며 바닥까지 떨어지는 것이 아닌가 한다. 하나님과의 관계에 첫째의 관심을 두어야 한다. 여러 기도에 앞서 '거룩'을 가장 간절히 기도해야 하겠다. 병 낫고, 사업이 번창하고, 출세하고 승진하는 것 등등보다 말이다. 사실은 우리 신앙의 관심이 하나님과의 관계에 바로 맞춰져 있으면 이러한 것들은 자연히 해결되며 따라오게 되어 있다.

하나님과의 관계에 우리의 관심을 맞춘다는 것은 무엇을 의미하는가. 하나님과의 관계를 방해하는 죄와 싸우는 삶(또한 그를 위한 기도)을 말한다. 로마서가 "성령으로 몸의 행실을 죽이라"고 말씀하시고(8장 13절), 웨스트민스터 신앙고백도 죄와 "지속적이며 화해 없는 전쟁"을 치러 나가라고 말한다(8조 2항). 죄와 싸우는 것을 마지못해 하는 힘겨운 일로 생각할 문제가 아니다. 기쁜 일이다. 죄와 싸워 이기는 것을 위해 기도하는 일이 기쁜 일이며 실제의 싸움도 즐거운 일이다. 우리는 예수님의 부활을 본받아 연합한 사람들이다. 그래서 새 생명 가운데 행할 수 있게 되었다(롬 6:4, 5). 그러므로 우리는 죄를 이길 수 있으며 이겨야 하는 사람들이 된 것이다. 할 수 있으며 마땅히 해야 할 일을 하는 사람에게는 큰 기쁨이 있다. 예수 안에서 죄에 대해서는 죽은 자요 하나님을 대하여는 산 자인(롬 6:11) 우리들은 죄와 싸워 이기는 기쁨을 갖게 된다.

성령이 이 기쁨을 가르쳐 주신다. 성령이 우리 안에 성화의 소원을 주시는 것이다. 소원을 주신 성령이 또한 죄의 공격에 대해 저항하며 금욕하고 심지어 반격할 수 있도록 도우시고 이기게 해 주신다. 중요한 것은 성령의 이러한 부름과 능력 주심을 인지하고 우리의 관심을 하나님과의 관계로, 죄와 싸우는 신앙에로 돌리는 것이다. 산만한 우리의 관심들을 정리하고 이 중요한 것 하나에 최우선순위를 두는 것이 바른 일이다. 여러 생활의 문제들은 하나님이 그분의 자유로운 은혜 가운데 다 잘 해결되게 해 주신다. 하나님과의 바른 관계를 위하여, 예수님과 연합한 가운데, 성령의 도우심 안에서 죄와 죽기까지 싸우는 싸움을 싸워야 한다. 이는 기쁨의 길이다. 이 기쁨의 길을 통하여 우리는 성화의 열매를 풍성히 맺는 성숙한 신앙에로 나아가게 될 것이다.

자유

'자유'는 구약과 신약을 통틀어 하나님의 구원과 그 구원을 받은 백성의 삶을 설명하는 가장 핵심적인 말이다. 구약성경에서 계속 회자되는 가장 중요한 사건인 출애굽은 이스라엘이 애굽의 노예생활로부터 '자유'를 얻은 이야기이고, 이 출애굽을 모형으로 하는 신약의 그리스도의 구속 사건은 바로 하나님의 백성이 죄와 죽음으로부터 '자유'를 얻는 이야기이다(요 8:32, 36).

　인간은 기본적으로 질병, 죽음, 가난, 불화와 갈등, 좌절, 불안, 두려움 등 여러 존재적 질고의 속박 아래 허덕이는 존재이다. 이 '비참함'의 뿌리에는 죄라는 실체적 원인이 있다. 성경은 자신이 가진 자원으로는 이러한 '죄와 비참'에서 도저히 자신을 구원할 수 없는 인간이 오직 그리스도의 보혈을 통해서만 구원받고 자유를 얻게 된다고 말한다. 이것이 복음이다. 복음은 인간 문제의 가장 근원적이며 전면적인 처방이 된다.

　하나님의 백성은 죄의 속박에서 자유를 얻은 존재이다. 따라서 삶의 모든 고통과 죽음, 심판으로부터도 자유를 얻었다. 자유를 얻은 이 존재에게 아주 중요한 사실 하나가 있는데, 그것은 자유를 얻은 그가 이제는 '자유의 삶'을 향해 부름 받았다는 사실이다(갈 5:13). '얻는' 자유 위에 '책임지는,' '행하는' 자유가 덧붙여진 것이다. 얻는 자유와 행하는 자유 두 가지가 균형 있게 세워질 때 그리스도인의 삶은 비로소 온전한 것이 되고 그리스도인은 명실상부하게 참 자유인이 된다.

'행하는' 자유는 종이 되는 자유이다. 얻은 자유를 "육체의 기회"로(갈 5:13), 즉 이기적인 목적으로 내 멋대로 쓰는 것은 (자유가 아니라) 방종(licence)이다. 성경이 말하는 자유(liberty)는 하나님과 의에게 종이 되어(롬 6:18, 22) 율법에 순종하는 자유이다. 오스왈드 챔버스가 "자유는 하나님의 율법을 어기지 않는 능력"이라 했다("Liberty means ability not to violate the law of God"). 자유로워졌으나 다시금 거룩한 것을 향하여 종이 되는 이 위대한 역설이 복음의 본질을 구성한다. 받는 자유에만 관심을 기울였지 행하는 자유에 무관심하고 무지했던 것이 우리로 하여금 죄와 두려움의 속박에서 온전히 자유로워지지 못하게 한 원인이다. 종이 되는 자유의 원리를 숙지하고 이 원리에 입각하여 우리 삶을 훈련해내는 것이 자유를 얻은 그리스도인이 영위할 삶의 태도이며, 이 태도에만 참되고 온전한 자유가 있다.

자유를 향한 우리의 싸움은 이제 시작이다. 새언약은 우리에게 자발적인 순종의 능력을 부여했다(렘 31:33). 주님의 부활은 우리를 새생명 가운데 살게 하신다(롬 6:4). 밑돌은 놓아졌고, 이제 남은 것은 우리의 믿음뿐이다. 믿음으로 병 낫고, 믿음으로 복 받고 하는 것은 지금까지 많이 해 봤다. 진정 본질적인 것은 믿음으로 자유의 싸움을 싸우는 일이다. 우리의 자연적인 경향이나 능력만 바라보며 끌려다니는 생활을 할 것이 아니라, 아들의 죽음과 부활을 통해 우리 안에 창조하신 새사람(new man)의 실존을 믿고 (부여하신) 새마음(new heart)으로 순종의 싸움, 자유의 싸움을 싸워 나가야 한다(렘 24:7; 31:33; 32:40; 겔 36:26; 롬 12:2). 믿음의 진정한 승리가 여기에 있다. 새해 벽두 자유라는 화두가 구원받은 삶의 정체를 본연으로부터 다시 한 번 돌아보게 하는 자극제가 된다. 금욕과 절제, 악마의 유혹에 대한 강력한 저항과 반격이 무술년 새해 우리 삶의 레이블이 되어야 할 것이다. 개인적으로는 성결을, 세상에는 사랑과 의를 실천하여 우리가 사는 삶의 모퉁이 모퉁이에 하나님 나라의 가치가 실현되게 하자. 세기 반 가까이 믿은 우리에게 자유를 향한 싸움은 이제 시작이다.

신학
수상

강의실을 은퇴하는
구약학 교수의
강의실 밖의 생각들

2
생 활

기도와 신앙생활

노먼 빈센트 필이 "누구든지 하루에 15분씩 기도하는 사람은 결코 실패하지 않는다"라고 했다. 매일 시간을 정해 놓고 조금씩 기도하는 일은 별 거 아닌 것처럼 생각될 수 있지만 전능하신 하나님의 인도와 도움을 매일 받는 일이니 얼마나 위대한 일인지 알 수 없다. 우리는 유한하지만 하나님은 무한한 지혜를 가지고 계셔서 자녀된 우리에게 가장 좋은 미래가 열리도록 인도하신다. 기도는 이처럼 하나님으로부터 "좋은 것"(마 7:11)을 얻는 통로이다. 낙심하지 말고 꾸준히 기도하여 죄를 이기며 생활의 작고 큰 어려움을 모두 이겨내자. 기도하면 어떤 어려움과 당혹이라도 이길 수 있는 담력을 얻게 된다. 또한 부활한 주님이 나와 함께 계셔서 하나님 말씀에 순종하는 능력이 생기게 된다. 기도는 자유와 기쁨을 누리는 승리 생활의 비결이며 우리의 생애를 귀하고 값진 것이 되게 하는 필수 요건이다.

그러나 기도는 열심히 하되 기도생활을 영위하는 사람들이 꼭 유념해야 할 점이 한 가지 있다. 그것은 기도는 우리 필요를 따라 하지만 응답은 하나님의 주권이라는 점이다. 기도는 반드시 응답된다. 응답되지 않는 기도란 없다. 그러나 기도가 무조건 우리 뜻만을 관철하는 수단은 아니다. 만일 기도가 우리 뜻을 관철하는 수단에 불과하다면 그것은 성경이 가르치는 기도가 아니고 마술이 되고 만다. 이방의 기도는 다 이처럼 마술적인 성격의 것이라 말할 수 있다. 성경의 기도는 그런 것이 아니다. 기도 위에는 하나님의 주권과 은혜가 있다는 사실을 아는 것이 매우 중요하다. 물론 하나님은 우리의 급한 문제를 바로 처리해 주시는 분이시다. 그러나 때로는 우리가 구한대로만 주시지 않는다. 구한 그것을 주시지 않고 다른 것으로 주실 수도 있고, 받기 원하는 시간에 주시지 않고 많은 시간을 더 기다리게 하시기도 한다. 이것은 하나님이 우리에게 무엇이 좋은 것인지를 잘 알고 계셔서 우리에게 가장 좋은 결과가 되도록 이끌어 가시는 은혜인 것이다. 우리는 우리의 소원과 다른 것을 받고 결과적으로 더 나은 환경을 누리게 되며 기도 응답을 기다리면서 인격이 빚어져 간다.

지나간 시간 우리는 숱한 기도를 드리며 살아 왔다. 어떤 때는 기도가 당장 응답되지 않아 당황했던 적도 많다. 그러나 지나고 보니 그 때 그 기도가 내가 기도한 대로 응답되지 않은 것이 얼마나 다행이었는지 모른다 싶은 것도 한두 가지가 아니다. 언제나 더 나은 것으로 주셨던 것이다. 어쩌면 우리 생이란 내 지혜와 하나님의 지혜 사이의 끊이지 않는 투쟁이라고 말할 수 있을지도 모르겠다. 죄인된 우리는 우리 자신의 불완전한 지혜를 고집하는 일을 얼른 내려놓고 겸손히 하나님의 지혜를 의지할 줄 알아야 한다(잠 3:5). 우리는 왜 우리 생각대로 이루어주시지 않는가 불평을 많이 한다. 그러나 하나님은 부득불 우리 소원을 액면 그대로 들어주시지 않는 수가 많으시다. 우리가 원하는 대로만 되어서 좋을 것이 하나도 없기 때문이다. 우리가 하나님을 믿는다는 것은 그분의 문제 해결을 해 주실 수 있는 능력만 믿는 것이 아니다. 독생자를 주실 정도로 우리를 사랑하신 그 분의 사랑을 믿는 것이며 오늘 우리에게 그 사랑을 실현하시는 그분의 방법/지혜까지 믿는 것이다. 하나님은 하나님이시며 주인이시다(사 43:3, 15). 그는 온 우주를 보고 계시다. 전체를 생각하고 계시다. 그분이 아셔서 자녀들을 좋은 길로 인도하고 계시다. 늘 기도하고 확신을 가지고 기도하되 그분의 주권에 온 몸을 맡기는 믿음이 귀하다. 주인이신 그 분이 최고의 길을 아시기 때문이다.

섭리의 눈

우리 그리스도인들은 세상 사람이 갖지 않은 눈을 하나 가지고 산다. 섭리의 눈이라는 것이다. 섭리의 눈이라 함은 아무리 불리하게 보이는 환경이라 하더라도 모두 하나님의 다스림 안에 있고 하나님은 성도를 조밀하게 보호하시는 방향으로 세계의 역사를 이끌어 가신다는 것을 아는 시각이다.

인간은 누구나 역경이라고 부를 수밖에 없는 어려운 상황이 다가오면 불행을 느끼며 불평하기 쉽다. 그러나 성도에게 불행이라든지 부정적 상황이라든지 하는 것은 존재하지 않는다. 모든 사정은 우리의 아버지 되신 하나님의 통치 아래 있기 때문이다. 하나님의 다스림을 벗어나 제멋대로 날뛰는 상황이나 운명 같은 것은 결코 존재하지 않는다. 모든 상황은 하나님의 통제 아래 있고 하나님은 성도를 가장 안전하게 보호하는 방향으로 그리고 성도에게 가장 좋은 것이 되는 방향으로 역사를 이끌어 가신다. "우리 주 전능하신 하나님이 다스리시도다!"(계 19:6).

참새 한 마리도 하나님의 허락 없이는 떨어질 수 없다(마 10:29). 우리는 참새보다 훨씬 귀한 하나님의 자녀들이다(10:31). 저 태양을 돌게 하시는 하나님은 우리의 머리털까지 세고 계신 우리의 아버지이시다(10:30). 하나님은 그분의 자녀에게 좋은 것으로 주시는 분이시다(7:11). 좋아 보이지 않는 상황도 "선"이 되게 하실 뿐 아니라(롬 8:28) 지금 내가 처한 상황이 가장 좋은 상황이다. 만일 지금의 상황보다 더 좋은 상황이 있었다면 하나님은 우리에게 그것을 주셨을 것이기 때문이다. 섭리의 눈이란 그런 것이다. 아무리 어렵게 생각되는 상황이라도 결국 좋은 것이 되게 하실 것이라는 확고한 믿음이고, 아니 그 이전에 지금의 이 상황이 가장 좋은 상황이라는 견고한 확신이다.

요셉의 생애를 보자. 자신의 실수(잘못), 형들의 시기 같은 것이 원인이 되었지만 그는 까닭 모를 곤경의 세월을 온 몸으로 살아내야 했다. 차라리 죽는 편이 나았을 정도라 해야 할 이방인 노예요 죄수인 그가 세계 제국의 총리가 되는 것은 비슷한 예를 떠올릴 수 없을 정도의 인생역전의 대드라마이지만, 그러나 진정 그에게서 부러운 것은 그 같은 '대박' 형의 성공이 아니다. 인생을 인간과 인간의 이해관계의 눈으로만 보지 않고 하나님의 섭리로 이해한 점과, 이 이해로 말미암아 자신을 파멸시키려 한 원수인 형들을 깨끗이 용서하는 사랑을 익힌 점이다. 존재의 근간이 흔들릴 정도의 극심한 고난을 겪었지만 요셉은 하나님의 크신 경륜을 깨닫는 은혜를 입었고, 이 은혜에 대한 감사로부터 원수를 용서하는 넓은 마음을 익힐 수 있었던 것이다.

그는 자신을 애굽으로 보낸 것은 형들이 아니고 하나님 자신이시라는 것을 알았다. 그리고 그것은 선민과 세계 만민의 생명을 구원하시려한 하나님의 비밀스런 섭리인 것을 알았다(창 45: 5-8). 인간에게 '해'(害)처럼 보이는 것도 '선'(善)으로 바꾸시는 하나님임을 깨달았다(50:20). 왜 그처럼 가혹한 환경이 자신에게 일어나야 했는지는 요셉에게는 결코 명료할 수 없는 신비였다. 다만 자신이 겪는 일이 납득이 되는 것이든 그렇지 않든 하나님은 그것을 선으로 바꾸시는 분이며, 모든 일의 사건 뒤에서 조밀한 계획과 깊으신 생각 속에 그것들을 운영해 가시는 분이라는 (시 92:5) 점만이 그에게 분명했다. 요셉에게 진정 부러운 것은 그가 비록 극히 어려운 시간을 통과하지 않을 수 없었지만, 이 시간을 통과하면서 하나님의 크신 경륜과 섭리를 깨달은 점이요, 이에 대한 감사에서 오는 예수님을 닮은 용서하는 마음을 익힌 점이다.

섭리의 눈을 가진 사람은 쉽게 좌절하거나 불평하지 않는다. 누구를 원망하고 미워하지 않는다. 끝끝내 찬송하고 감사하며 역경을 견디어 낼 것이요, 이 견딤 속에서 예수님을 닮아 용서하는 마음을 배워나간다. 이 '성취'야말로 우리가 얼마나 목말라하고 기대하는 것인가. 성도들이 안정된, 그리고 성숙한 신앙생활을 영위케 하려면 바로 이 섭리의 시각을 길러주어야 하겠다. 어려움이 있어도 하나님의 섭리를 생각하고 기다릴 수 있어야 하겠고, 그러는 동안 자신을 부인하고 주님을 닮는 것을 배우는 것에 큰 기쁨과 의미를 느껴야 하겠다. 기다리지 못하고 조급하게 문제 해결만 하려고 하는 태도는 바알 신앙에서나 찾아볼 수 있는 내용이다. 하나님이 하신다!("God who acts!") 십자가 앞에 엎드려 겸손히 하나님의 하심을 받고 감사할 일이요 다만 자신을 돌아보는 일에 착념할 일이다.

섭리의 은혜

칼빈의 기독교강요 1권 16, 17장은 하나님의 백성의 삶을 보호하고 인도하시는 이른바 섭리의 은혜를 다룬다. 섭리란 "하나님께서 자기 백성이 가장 안전한 구원을 받고 가장 큰 복을 받을 수 있도록 우주를 운영하시는 원리"를 말한다. 하나님께서 당신의 주권적 능력으로 우주와 역사의 모든 사건을 통제하고 지배하시어 하나님의 백성에게 가장 큰 유익을 주는 것이니, 구원 받은 하나님의 백성은 아무것도 두려워하거나 염려하지 않고 가장 큰 안심 속에 살아갈 수 있는 것이다.

창세기 24장은 아브라함이 자신의 종을 메소포타미아로 보내 아들 이삭의 신부를 구해오는 내용인데, 성공의 기약이 전혀 없는 어려운 임무이건만 24장의 내러티브는 하나님의 개입에 대해 일체의 언급을 삼가고 있다. 그냥 우연처럼 보이는 일들이 이어지면서 리브가를 만나게 되고 기적적으로 처녀가 청혼에 응하여 가나안까지 기꺼이 동행함으로 이삭과의 결혼이 성사된다.

등장인물들의 대화와 고백들의 도움을 받아 사건 전모를 살핀 성경 독자는 이 일이 엄연히 하나님의 조밀한 개입에 의해 이루어진 일임을 알게 되지만, 그러나 내러티브는 굳이 하나님의 개입에 대해 함구함으로 우리 삶에서 겪게 되는 하나님이 안 계신 것 같은 경험을 문학적으로 재현해주고 있다.

3차원 공간에 사는 우리는 통상 하나님이 하시는 일을 감지하지 못하며 살기 마련이다. 하지만 우리 아버지 언약의 하나님은 어느 한 순간도 방기(放棄)하심이 없이 성도의 삶에 간섭하시어 그를 가장 안전한 길로 인도하고 계시다. 하나님은 안 보일 때 계신 분이시고, 안 계신 것 같을 때 계신 분이시라고 진술하면 우리 삶에 대한 포괄적인 설명이 되겠다. 우선 하나님은 안 보일 때 계신 분이시다. 우리 감각으로 포착할 수 없는 분이시지만 하나님은 언제나 살아계셔서 우리를 세밀하게 보호하시고 조밀하게 인도하신다. 하나님은 아브라함의 종을 그가 반드시 다다라야 할 지점에 정확히 인도하셨다(창 24:27, 48). 인간의 눈에는 갈 바를 전혀 알 수 없는 절망스럽기까지 한 길이었지만 그보다 더 좋을 수 없는 지점, 완벽한 지점까지 인도하셨다. 우리는 대부분 뜻 없이 지나가는 듯한 일들과 우리가 원하지 않는 방향으로 일어나는 것 같은 유감스러운 일들에 휩싸여 산다. 하지만 우리가 사는 삶은 하나님의 백성의 삶이다. 하나님은 그분의 영원한 목적과 계획 속에 성도의 삶을 그분에게 영광이 되는 방향으로 성도

자신에게 가장 유익이 되는 방향으로 인도하고 계시다.

하나님은 또한 안 계신 것 같을 때 계신 분이시다. 이 점 역시 매우 중요하다. 너무 어려워서 이제는 하나님도 안 계신 것 같다고 자포자기할 수밖에 없는 상황도 인간에게는 일어난다. 그야말로 "힘에 지나도록 심한 고생을 받아 살 소망까지 끊어진"(고후 1:8) 것 같은 곤경, 그래서 이제는 끝이다 하고 좌절할 수밖에 없는 상황 같은 것들이다. 하지만 하나님의 백성은 여전히 가장 안전한 길 위에 있다. 하나님의 신실한 (언약적) 사랑이 그의 삶을 큰 우산처럼 감싸고 있기 때문이다. 우리가 "지사충성"(至死忠誠)이란 휘호를 사랑한다. 여기 '충성'이란 말은 일차적으로 하나님의 신실한 사랑을 의미한다고 볼 수 있다. 언약의 하나님께서 자신의 독생자를 죽기까지 내어주신 신실한 사랑을 말한다. 이 사랑이 우리 안에 구별성(distinctiveness)을 빚어내었고 이 빚어진 구별성을 우리가 살아 내는(live out) 원리가 '죽도록 충성하라'라는 계명으로 표현된 것이라 할 수 있다. 이제는 길이 없다, 이제는 끝이다, 하나님도 안 계신 것 같다, 이렇게 말할 수밖에 없는 급박한 상황이 와도 하나님의 백성은 안심한다. 안심할 수 없어도 안심할 수 있다는 것이 성도의 삶의 강력한 역설이다. 깊은 좌절을 겪으며 그 과정 속에서 비로소 하나님을 만나며 믿음이 자라며 우리가 여기까지 왔다. 독생자를 보내신 신실한 사랑이 동력이 된 하나님의 섭리가 우리의 전 삶을 감싸 보호하고 있어 우리가 참으로 안전하게 여기까지 온 것이다.

"섭리가 아니고는 된 것이 아무것도 없다!"(Nothing without providence!)는 미국 콜로라도 주의 모토가 생각난다. 올 한 해도 여러 힘겨운 일이 많았지만 모두 하나님의 섭리 가운데 인도된 것임이 분명하다. 내년도 그럴 것이다. 지금까지 그래왔듯 우리는 그분의 크신 목적과 계획 가운데 가장 영광스럽고 가장 복된 지점으로 인도를 받을 것이다. 혼잡과 피로를 주는 일만 가득한 것 같은 일상이지만 섭리의 은혜를 생각하면 마음이 훈훈해진다. 그렇게 그렇게 하나님의 임재를 확인하며 그분을 만나는 가운데 우리는 조금씩 그분의 성품을 닮아가게 될 것이다.

성도의 믿음

하나님은 계시고 살아계시다(히 11:6). 그리고 언제나 우리와 동행하는 분이시다. 주님은 신자의 생애 어느 한 순간도 그를 떠나지 않으신다. 마태복음 20:28의 약속이 그것이다: "볼지어다 내가 세상 끝날까지 너희와 항상 함께 있으리라." 하나님이 자신의 백성과 함께 하신다는 약속은 구약에만도 114번 나온다(예컨대 시편 23:4, 여호수아 1:9, 이사야 41:10 등). 시편 23:4는 말씀한다: "내가 사망의 음침한 골짜기를 다닐찌라도 해를 두려워 않을 것은 주께서 나와 함께 하심이라." 주님이 성도와 늘 동행하신다는 것 얼마나 중요한 사실인가. 동행하실 뿐만 아니라 길이 아주 힘들 때는 업고 가시는 하나님이시다(신 33:12).

장성한 성도에게 중요한 것은 동행하시는 하나님이 나와 어떤 관계냐 하는 점이다. 우리는 종종 우리의 생활에 하나님을 부수적인 존재로밖에는 여기지 않고 있음을 발견하고 놀라곤 한다. 이점은 특히 우리가 소위 '광야의 기간,' 즉 고난의 시간을 통

과할 때 그런 것 같다. 하나님이 주시는 훈련의 기간, 이때 우리
의 마음의 태도는 하나님이 우리의 생애에 어느 정도의 위치를
차지하고 계신지를 잘 보여준다. 우리는 종종 우리가 겪는 현실
과 상황만을 중요하게 생각한다. 그리고는 그것만을 결정적인
것으로 생각하고 그것만에 매달려 전전긍긍한다. 하나님은 왠지
간접적이며 부수적인 존재 같다. 별로 도와주시지도 않는 것 같
고 도와주실 힘도 없으신 것 같고 관심도 없으신 것 같다. 심지어
는 실제 그분이 계신가 의심하기까지 한다. 그러다 보니 언제나
현실과 사정이 짜증스럽기만 하다. 힘겹다. 고난을 기뻐하라는
말씀들은(롬 5:3, 벧전 4:13) 나와 상관이 없고 하루하루의 삶이
그저 괴롭게만 느껴진다.

그러나 성도는 하나님을 부수적인 존재 정도로만 생각하는
자신을 발견하고 깨달을 때 얼른 삶의 태도(인식의 태도)를 바꿀
필요가 있다. 그렇게 생각하는 태도는 성경도 아니고 우리 자신
을 위해서도 유익이 없기 때문이다. 성경이 하나님에 대해 계시
하시는 것 중에 가장 중요한 것이 하나님은 이 우주의 주권자라
는 점이다(장로교 신앙의 핵심도 하나님의 주권이다). 하나님이 주관
하시지 않고 방관하시는 일은 이 세상에 하나도 없다. 하물며 당
신의 독생자를 주시기까지 사랑하신 당신의 백성의 일이겠는가.

하나님은 우리의 생에 부수적이거나 간접적인 존재가 아니
다. 중심이요 주권자요 직접적인 존재이시다. 문제가 중앙에 있

고 하나님은 그 문제를 해결하시는 도구 정도에 불과한 분이 아니다. 모든 되어지는 일들은 하나님이 전적으로 구상하시고 우리의 성장과 성숙을 위해 마련하신 것이다. 그분은 우리를 위해 사랑과 지혜로 모든 일을 계획하시고 시작하시고 진행시키시고 좋은 결말까지 예비하고 계시다. 전적으로 하나님이 주인이시요 중심이다(오히려 현실이나 상황이 하나님의 뜻을 이뤄 가는 소도구들일 뿐이다).

이것을 알면 우리는 고달픈 광야를 지나는 시간에도 하나님이 주인되심을 인해 행복하다. 감사하다. 기쁘다. 찬양한다. 우리는 하나님이 통제하시는, 하나님이 예비하신 가장 안전한 길을 가고 있다. 나에게 가장 좋은 길이다. 현실이나 상황을 중심으로 생각하지 말고 홀로 하나이신, 예수 그리스도를 내어주신 사랑의 아버지를 중심으로 생각하기 바란다. 지금 내가 겪는 일들은 결국은 약이 될 것이다. 성숙과 변화의 기회가 될 것이다. 성도의 생애는 철저히 하나님의 사랑 아래 있고(롬 8:39) 하나님의 주권(주관) 아래 있고 하나님의 상이 기다리고 있는 것이다(히 11:6). 하나님은 부수적인 분이 아니다. 하나님은 중심이시며 주권자이시다.

인내

2년 전 미국 패서디나에 있는 풀러신학교에 몇 달 머무를 때 도서관 벽에 걸린 중국인 그리스도인이 쓴 휘호 하나를 보았다. "爲耶蘇百忍千想萬待"라는 휘호였다(우리 발음: 위야소백인천상만대). "예수를 위하여 백 번 참고, 천 번 생각하고, 만 번 기다린다"는 말이다. 관록 있는 신학교에 범상치 않은 휘호라 생각됐다. 예수를 믿는 것은 참고 참고 또 참는 일이라는 뜻이니 성화의 본질, 그리스도인의 삶의 본질을 잘 표현한 말이 아닌가.

그리스도인의 실천의 중요성을 강조하는 야고보서는 인내라는 덕목을 매우 중요하게 생각한다. "인내를 온전히 이루라"고 선포하며 책을 시작한다. 인내를 온전히 이룰 때 그리스도인은 "온전하고 구비하여 조금도 부족함이 없는"(perfect and complete, lacking in nothing[NASB]) 인격으로 성장하게 된다(1:4). 그리스도인의 인격 완성에 대한 얼마나 위대한 약속인가. 그리고 얼마나 구체적인 약속인가. 그렇게 우리가 마음에 소원하는 인격의 성장이라는 것이 구체적인 '참음'을 통하여 이루어진다고 말씀하고 있다.

우리는 성장하기 원하지만 그 길을 잘 모르는 수가 많다. 사랑, 용서, 이해, 양보 등은 모두 그리스도인이 실천해야 할 중요한 덕목들이지만 너무 포괄적이고 일반적이어서, 그리고 처음부터 너무 많은 것을 희생해야 할 것 같다는 두려움 때문에 아예 실천에 대한 엄두도 내어 보지 못하기가 일쑤다. 우리가 항상 실패하는 대목이다. 그에 비하면 인내는 구체적이며 매우 간단하다 할 수 있다. 어떤 상황에 대해 그냥 한 번 '참아 버리면' 되기 때문이다. (쉽진 않지만) 참는 행위 하나로 일단 인내가 실천된 것이다. 즐겨 참지 못하고 어쩌지 못해 참아도 그것은 귀한 가치가 있다. 그렇게 함으로 사랑이건 용서건 첫발을 떼는 것이 되기 때문이다. 야고보서가 인내를 그렇게 강조하는 이유가 여기 있을 것이다. 참음을 한 번 두 번 자꾸 연습함으로 급기야 '참음의 기술'을 내 것이 되게 하자. 그러면 그 기술이 이해하고 용서하고 사랑하는 그리스도인의 인격의 가장 소중한 기반이 되어 줄 것이다.

물론 마지못해 참는 수준을 넘어서고자 해야 할 것이다. 십자가로 말미암아 구원 받은 우리는 십자가와 연합하여 사는 사람들이다. 십자가에 직접 참여하는 것이 그리스도인의 '의미'이다. 십자가를 참으신 그리스도의 고난에 참여하는 것이 그리스도인의 즐거움이다(히 12:2; 벧전 4:13). 의미로 참고, 보람으로 참고, 즐거움으로 참자. 기쁨이요 재미요 놀이로 생각하면 좋다. 참음은 즐거움이요 보람인 것이다.

오래 참고, 끝까지 참아야 한다. 죽을 것 같아도 참아야 한다. 혼자 참으면 무리가 있을 수 있지만, 십자가 붙들고 참으면 경건이다! 내 힘으로 버티면 병날 수 있지만 십자가 붙들고 참으면 주 안에서의 깊은 성장이다! 십자가를 바라보고 십자가에 찰싹 붙어 있자. 기필코 도달하게 될 신앙의 승리가 여기에 있다.

참는 것은 하나님의 성품이며(출 34:6), 성령의 열매이며(갈 5:22, 24), 사랑이다(고전 13:4, 7). 온전한 인격인 것이다. 성장하지 않는 것이 우리에게 얼마나 큰 괴로움인가. 오히려 참고 성장하는 것이 참지도 않고 성장도 않는 것보다 훨씬 쉬운 일일지 모른다. 의외로 가까운 데에 길이 있다. 참음이 성장의 길이다. 마음에 들지 않는 일 불편한 일들이 주위에 많이 일어나지만, 하나님의 크신 섭리, 사랑의 섭리를 믿고 '너그럽게' 대하는 법을 배우자. 의식하여 힘쓰는 가운데 점차 '넓은 마음'에 이르게 된다. 의미로 참고 보람으로 참고 즐거움으로 참자. 괴로운 일이 아니라 즐겁고 재미있는 일이다. 주 안에서 주와 더불어 참아 완전한 인격의 열매에 이르자.

TV를 대하는 기독교인의 생각

얼마 전에 제임스 답슨(James Dobson)이 그의 한 저서에서 현금의 미국 문화를 다음과 같이 비평한 적이 있다: "미국의 문화는 성적인 함축들로 가득 채워져 있다(The American culture is fully charged with sexual connotations)." 방송이나 인터넷, 광고 문화를 포함한 사회 소통과 관련된 미국 문화 전반이 건전한 절제의 수준을 훌쩍 넘어서서 인간의 말초적 감성을 극도로 자극하는 방향으로 발전하고 있는 데 대한 경고였던 것으로 생각된다. 실제 미국에서 생활해 보면 케이블 방송이나 인터넷 등 시청 선택이 가능한 매체들은 차치하고라도 공공성을 생명으로 하는 지상파 TV까지도 지나칠 정도로 성적인 내용을 많이 취급하고 있는 것을 본다. 특히 미국인들이 많이 시청하는 시트콤이나 토크쇼 등은 음담패설 류의 선정적인 대사나 조크가 빠지고는 거의 프로가 진행될 수 없을 정도이다. 답슨의 평가는 그대로 정확한 것이라는 생각이 든다.

한국의 TV는 어떠한가. 한국의 지상파 TV는 미국의 TV에 비하면 그래도 현재로서는 건전한 편이다. 음란한 언급의 빈도에 있어서나 노골성의 정도에 있어 지금은 상대적으로 건전하다. 그러나 기본적으로는 미국의 TV들과 꼭 같은 위험을 지니고 있는 것으로 보인다. 선정성과 폭력성의 수준이 꾸준히 미국의 TV를 닮아가고 있고 또한 닮아가려 하고 있기 때문이다. 상업성의 유혹, 즉 시청률을 높여야 한다는 압박이 TV 프로 제작자들로 하여금 이기적이고 탐욕적인 인간의 말초신경을 자극하는 프로들을 생산하는 쪽으로 기울게 한다. 일례로 요즈음의 드라마들을 보면 선정성이나 폭력성에 있어 전보다 훨씬 대담해지고 노골화하고 있다.

현대 문화는 영상시대라는 말로 표현될 만큼 영상에 의한 소통이 원하든 원하지 않든 일반화된 시대이다. 이럴 때일수록 사회의 정책 입안을 책임진 이들은 대중문화의 건전한 발전에 신경을 써야 할 것이다. 도덕적으로 건강하지 않은 문명이나 문화는 결국 파멸하고 만다는 것은 성경도 그렇고 인류 역사가 분명히 보여주는 교훈이다. 상업성에 기반을 둔 자극적인 영상물이 사회의 도덕을 심각하게 타락시키고 더욱이 절제력이 약한 청소년들에게 악영향을 미친다는 사실을 누구도 부인할 수 없을 것이다. 그럼에도 불구하고 경제적 이익의 논리로만 문화 정책이 흘러온 것은 그만큼 싸워야 할 싸움이 힘들고 치열한 것이라는 방증이 될 것이다. 그러나 오늘날처럼 경제 논리에 밀려 음란물이나 폭력물이 TV나 인터넷 매체에 무시무시한 수준으로 노출되게 하는 것은 도저히 사회의 미래를 생각해야 할 정치, 경제, 언론, 문화 엘리트들이 저질러서는 안 될 범죄라고 생각한다.

상업성과 인간 본성의 부패성이 오늘날 TV를 비롯한 영상 매체를 끝없이 오염시키고 있다. 서구의 훌륭한 정신이나 좋은 문화는 힘써 본받으려 하되 타락해가는 사회의 썩은 물까지 본받으려 해서는 결코 안 된다(지금까지는 분별없이 받아들이는 방향으로 서구 문화 습득이 이루어져 왔다). 일단은 정책 입안 엘리트들이 이 점에 심각한 경각심을 가져주었으면 한다.

교회는 인간의 참된 삶의 질이 무엇인지 가르쳐줘야 한다. 사회와 소통을 게을리 하지 말고 성경이 가르치는 절제와 사랑의 참된 가치를 사회에 전파하고 이 가치를 공유하고자 해야 한다. 인간은 휴식도 필요하고 오락도 필요한 존재이다. 건강한 휴식과 오락의 모델을 적극적으로 개발하고 제시해줘야 한다. 성인들을 위해서 그렇게 해야 하고 특히 자라나는 어린이 청소년들을 위해서 그렇게 해야 한다. 도덕, 문화, 정신적 가치에 있어 한국 사회는 위기이다. 먹고 사는 것만 생각하고 가르치는 것은 지도자들의 일도 아니고 더욱이 교회의 일은 아니다. 하나님 앞에 바르고 건강한 사회를 만들어 내는 것이 지도자들과 교회가 해야 될 일이다(참고: 롬 14:17).

위기와 아픔은 정화의 기회인 줄 알고 우리 사회의 오늘과 내일을 새로 정비해야 하겠다.

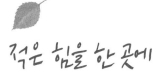

적은 힘을 한 곳에

적우침주(積羽沈舟)라는 말이 있다. 새털 같이 가벼운 것이라도 많이 쌓이면 큰 배를 침몰시킬 수 있다는 말이다. 적은 시간, 적은 정성, 적은 금력(金力)이라 할지라도 한 곳에 집중하면 대업(大業)을 성취할 수 있다는 교훈이라 하겠다. 하나로 집중된 힘처럼 무서운 것은 없다. 우리 평범한 사람들의 능력이란 그리 대단한 것이 못 된다. 그러나 그것을 탓하고 있는 것은 지혜가 아니다. 우리의 삶이란 작지만 우리의 능력이 제대로 집중되고 있는지를 관리하는 데에 그 성패가 달려 있다고 할 수 있을 것이다.

인생의 성공에는 3C가 있다 한다. 예전에는 그것이 Chance, Choice, Challenge라 하더니, 최근에는 Confidence, Concentration, Courage라 들었다. 어느 쪽이든 수사는 다르지만 말하고자 하는 바는 같은 것 같다. 기회가 오면 하나를 선택하여 도전하라는 말이나, 무엇에든 확신을 가지고 집중하는 용기를 가지라는 말이나 결국 우리에게 주어진 힘을 분산하지 말고 적절한 곳에 집중해야 한다는 메시지가 아닐까.

신학교 다닐 때에 한 은사님이 이런 말씀을 하셨다. 세월이 지나면서 하나 깨닫는 것이 있는데(당시 교수님은 칠순이셨음) 사람이 사는 데는 무엇을 하느냐 하는 것보다 무엇을 안 하느냐 하는 것이 훨씬 중요하더라는 것이다. 어느 교회에 담임 목사 자리가 났다 해서 지원을 해 보면 늘 제자들과 경쟁을 하게 되더라는 것이다. 그래서 자신의 인생에 다시는 목회는 하지 않기로 결심하게 되었다는 것이었다. 그 결심 하나를 하고 나니 자신에게도 마음에 평안이 오고 여러 목회자들에게도 덕이 되더라 하는 내용이었다. 그러면서 무엇을 하지 않는다는 결정 하나가 참 중요한 의미를 갖더라고 말씀하시는 것이었다. 나는 이 가르침은 비단 어떤 특수한 결정 뿐아니라 우리 삶 전반에 걸쳐 소중한 의미를 갖는 교훈이라고 생각한다. 우리 주위에는 우리의 주의와 집중을 분산시키려는 유혹이 많다. 젊은이들은 젊다는 이유 때문에 모든 것을 할 수 있다고 생각하기 쉽다. 시간도 무한정 많아 보인다. 그래서 성취의 욕심으로 여러 가지 일에 동시에 달려들게 된다. 그러나 한 가지 잊어서는 안 될 것은 가장 중요하고 본질적인 것 한 가지에 성공하지 못한다면 여타의 다른 시도들은 아무 의미 없는 물거품이 되어버린다는 사실이다. 작은 것이라도 어떤 일이든 성취한 사람을 보라. 한 곳에 집중하지 않고 그 일을 해낸 사람이 있는가. 중요한 것 그리고 꼭 해야 하는 것 한

가지에 집중을 잃지 않고 꾸준히 생각하고, 구상하고, 좋아하고, 거듭 시도한 사람만이 무슨 일이든 해내는 것이다. 실패를 탓하기 전에 먼저 우리 자신의 삶의 태도를 점검해보는 것이 순서이리라.

한국 축구가 A라는 선수 때문에 흥행에 대성공을 한 적이 있다. 아무리 지리한 게임이라도 그가 골을 넣으면 그것이 재미가 있다. 이와 같이 통쾌한 스트라이커의 출현은 축구사에 드물게 있는 일이어서 보는 사람들로 하여금 축구에 더욱 열광하게 했던 것 같다. 그런데 A를 자세히 보면 '천재 골잡이'라는 이름이 저절로 생긴 것이 아님을 알 수 있다. 어떤 언론 매체가 A를 "혈액에 본능과 지능을 동시에 타고난 행운아"라고 평한 것을 본 적이 있다. 매우 의미 있는 평이라고 생각되었다. 그는 축구에 대한 감각을 지니고 태어난 선수이다. 그러나 그의 타고난 감각이 실전에서 실력이 될 수 있었던 것은 그가 자신의 감각(본능)을 지능으로 잘 살려낼 수 있었기 때문이라고 본다. 타고난 재능만 가지고 뛰어난 선수가 되는 것이 아니다. 그것을 가꾸고 다듬어 실전에서 실력이 되게 하기 위해서는 집중하는 지능이 필요한 것이다. A는 자신의 재능을 뛰어난 집중력을 통해 발군의 기술로 일구어낸 성공 사례라 할 수 있다. 한 인터뷰에서 그는 자신은 경기나 연습이 끝나고 평상 생활로 돌아 와서도 항상 축구를 생각한다고 했다. 그에게 축구는 시합과 연습 때만의 축구가 아니고 생활 속의 축구였던 것이다. 길을 가든 집에 있든 무언가를 하든 쉬든 늘 축구에 대해 생각한다고 한다. 잘 안 되는 드리블 같은 것을 계속 생각하고, 철벽 수비수들에게 둘러싸였을 때 어떻게 돌파할 것인가 하는 것을 늘 생각한다는 것이다. 운동장에서 연습하는 것 이상 축구에 관해, 특정 기술들에 관해 생각하게 되기 때문에 운동장에 들어서면 그런 기술을 단시간 내에 체득하여 써먹을 수 있다는 것이다. TV에서 해외 유명 팀의 선수들이 좋은 기술을 쓰는 것을 보게 되면 그것이 해보고 싶고 그래서 머리 속으로 자꾸 그 기술을 연습해 본다고 한다. 그러다 보면 아주 어려운 기술이라도 어느새 자기 것이 되더라는 것이다. 이러한 끊이지 않는 집중이 그로 하여금 보는 이들을 감탄케 하는 뛰어난 기량들을 갖추도록 하게 한 힘이 아니었을까. 아마도 그의 반 박자 빠른 슛이라든지, 여러 수비를 제치는 순발력 있는 돌파라든지, 몸의 어디든 닿으면 터지는 슛 등 뛰어난 재간들이 이런 쉬지 않는 '지능적' 연습에서 나왔던 게 아니었나 생각된다. A를 보면 운동선수에게 (실제 운동장에서의 연습 뿐만 아니라) 평소의 집중이란 것이 얼마나 중요한가 하는 것을 알게 된다. 그러나 이러한 것은 평범한 사람의 삶에도 마찬가지이리라. 적은 힘이라도 자신이 할 수 있는, 그리고 해야 하는 바를 알고 거기에 집중하는 사람은 생의 과업을 성공적으로 수행하게 되는 것이 아니겠는가. 비약이 될 수도 있지만 에디슨이 "천재는 1 퍼센트의 영감에 99

퍼센트의 노력이다"라고 한 말도 결국 같은 의미가 아닐까 한다. 재능은 작다 하더라도 그것을 마음에 담아 두고 포기하지 않고 계속 노력하는 사람, 다시 말하면 집중을 흐트러뜨리지 않는 사람은 남이 못하는 창조적인 일을 해낼 수 있는 것이다.

A가 훌륭하다고 생각되는 점은 또 하나 있다. 그것은 이 선수가 어린 나이임에도 불구하고 축구 이외의 '중요치 않은' 일에는 관심을 덜 갖는 것 같아 보인 점이다. 선수가 좀 유명해지면 매스컴의 상업주의는 이때다 하고 인터뷰니 CF니 방송출연이니 하며 어린 선수라 하더라도 온갖 유혹의 손길을 뻗게 되어 있다. 그런데 A는 인터뷰 따위에 응하기는 하지만 늘 썩 내키지 않는 표정을 짓는다고 알려졌었다. A가 웃는 모습은 주로 운동장에서 볼 수 있고, 운동장 이외의 장소에서는 웃는 모습을 좀체로 보기 어렵다는 것이다. 이것이 A는 체질적으로 축구만 좋아하고 그밖의 일은 별로 좋아하지 않는 것에 대한 증거라면 이런 것은 큰 선수로 자랄 수 있는 대단히 좋은 징조이며 이러한 체질은 잘 보존되도록 본인과 주위가 힘써 노력해 주는 것이 마땅하다. 부디 A와 같은 재능이 있는 선수들이 자기가 해야 할 일 이외의 허튼 일에는 관심이나 흥미를 갖지 않고 오직 운동 하나에 젊음의 시간 전부를 바쳐 제대로 된 선수로 성장할 수 있었으면 하는 마음 간절하다. 어떤 일에 성공하려면 앞서 말한 대로 자신이 하는 일에 대해 계속 생각하는 습관이 중요하다(머리 속의 연습이란 것은

실전의 연습 못지않게 자신의 기량 개발에 있어 효율적이기 때문에).
그런데 그러한 습관 못지않게 중요한 것은 자신의 집중이 흐트
러지지 않도록 적절한 환경 조건을 유지할 수 있는 능력이다. 즉
주위에서 돌진해 오는 '정치화'의 유혹과 단호히 결별할 수 있어
야 한다는 말이다. 여기서 '정치화'란 자신을 알리고 내세우고
인기를 얻고 싶어 하는 사람의 마음과 이에 호응하는 주위의 유
혹에 의해서 사람의 주의가 분산되는 현상을 의미한다. 정치화
의 유혹이란 누구에게나 있고 또 뭔가 좀 되려는 사람에게는 특
히 심각한 유혹이다. 마땅히 숙련되어야 할 일에는 몰두하지 않
고 자신을 광고하는 일에 더 많은 관심을 쏟는 사람은 집중이고
성공이고 애초부터 싹이 노란 사람이다. A 선수가 축구 밖의 일
에 대해 상대적으로 적은 관심을 보였던 것 같은 것은 상당한 호
감과 매력으로 다가오면 모든 분야의 꿈나무들도 이런 소중한
집중하는 태도를 배워 앞으로 큰 재목들로 성장했으면 하는 상
기된 기대를 가져본다.

한국 축구에도 처음에는 신동 소리를 들었지만 소리 없이 사
라진 별들이 많았음을 기억해야 한다. B 선수가 한 예일 것이다.
B는 청소년기에 이미 국가대표팀에 발탁되었고 프랑스 월드컵
대회의 활약으로 천재 스트라이커 소리를 들은 한국 축구의 유
망주였다. 그러나 그는 상업주의 유혹의 희생물이 되고 말았다.
운동장에서의 축구가 끝나면 밖에 재미있는 일이 많았다 한다.

그는 딴 생각을 하기 시작했다. TV니 CF니 갖가지 연예 프로니 하는 데에 출연했다. 인기는 최고조로 올라갔다. 그러나 곁길에 주의를 주다 보니 축구를 생각할 시간도 연습할 시간도 적어졌다. 그러다 부상이 오고 슬럼프가 왔다. 결국 B 선수는 선수 생활 자체를 포기하는 것을 생각해야 할 만큼 낙오자가 되고 말았다고 한다. 나중에는 한 프로팀에서 겨우 선수 생활만 유지하는 정도였다고 한다. B가 A 신드롬을 향해 던지는 외마디는 "A는 오직 축구만 했으면 좋겠다 …"였다고 한다. 의미하는 바가 적지 않다. 운동 선수도 성공할 수 있으려면 집중을 흐트러뜨리는 환경을 정리할 수 있어야 한다는 말이다.

왜 이런 말을 장황하게 하는가. 사실은 운동선수들에게 적용되는 이 원리는 우리 교회 사역자들에게도 마찬가지이기 때문이다. 사역자들도 교회 일 외에는 재미있는 것이 없어야 한다. 설교하고 가르치고 심방하고 연구하는 일들 외에는 너무 관심을 갖지 않아야 한다(선교 목적을 위한 특수한 일은 예외일 수 있겠지만). 목회 외의 '중요치 않은' 일에 관심을 분산하는 경우가 사역자들 중에도 많은 것 같다. 전문가의 가장 큰 오류가 있다면 그것은 전문적이지 못하다는 것일 것이다. 전문가는 자신이 하는 일 밖에서 의미를 찾으려 하지 않는 것이 정도(正道)이며 자신의 전문성이 극대화되는 것을 방해하는 어떤 일도 경계해야 한다. 관심을 주어진 일에만 고정시키는 것, 즉 전문가의 '순결'을 지키는 것이 우리 사회의 전문가들에게 요청되는 가장 아름다운 일 중 하나일 것이다. 우리는 꼭 해야 할 일과 해서는 안 될 일을 구별할 줄 아는 지혜가 있어야 한다. 우리의 능력이 작은 것은 큰 문제가 아니다. 그것을 집중할 줄 아느냐 그것이 문제이다.

무엇보다 성경 실력을 쌓는 일에 집중하기를 권하고 싶다. 다른 많은 분주한 일이 있어도 성경 실력만은 매일 거르지 말고 연마해야 한다. 신학교 시절에는 수업 부담 때문에 어렵다면 졸업하는 즉시 체계적으로 성경을 공부하는 습관을 시작해 나가야 한다. 평신도인 자크 엘룰(Jacques Ellul; 프랑스 법학자)은 *Reason for Being*이라는 전도서 해석의 고전을 쓴 사람이다. 그는 이 책을 쓰기 위해 50년을 준비했다 한다. 그리고 책을 쓰기 30년 전에는 이미 Delitzsch의 주석(전도서 주석)을 모조리 읽고 요약까지 해 두었다는 것이다. 이러한 준비가 있었기에 이 책은 전도서를 공부하는 사람이라면 누구나 읽어야 하는 고전이 된 것임에 틀림없다. 성경 공부가 얼마나 중요한가 하는 것을 보여준 실례라 생각한다. 나는 우리 사역자들(설교자들)에게도 이러한 철저성·전문성, 그리고 이러한 철저성·전문성을 향한 애틋한 열정이 있어야 한다고 생각한다. 대충 하는 아마츄어리즘으로는 우리 자신과 교회에 아무런 변화가 일어나지 않을 것이기 때문이다. 성경은 대충 읽어서는 내 것이 되어 주지 않는 책이다. 막연히 읽기만 해서는 시간이 흘러도 내 안에서 능력이 되어주지 않는 책이다. 진지하게 고민하면서 좋은 주석을 곁들여 한 장 한 장 공부하고 노트해 나가야 한다. 그래서 성경 각 권의 메시지가 참으로 무엇인지, 각 장과 구절들의 의미는 무엇인지, 그리고 그 책에 대한 학계의 연구는 현재 어디까지 진행되었는지 따위를 파악해야한다. 이렇게 될 때에 사역자는 비로소 성경을 가지고 자신의 삶을 반성할 수 있는 능력을 갖추게 되며 교회를 어떻게 가르쳐야할지에 대한 지침도 터득하게 된다. 능력이 작은 것은 문제가 아니다. 힘을 분산시키는 쪽으로 흐르기 쉬운 분위기가 문제라 생각한다. 본질적인 것 한 곳에 힘을 모을 수 있고 그럼으로 주어진일을 성공적으로 이루어 책임을 다하는 사역자들이 많아질 때 우리의 미래는 희망이 있다 할 것이다.

신학
수상

강의실을 은퇴하는
구약학 교수의
강의실 밖의 생각들

3
구약신학

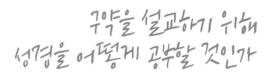

구약을 설교하기 위해 성경을 어떻게 공부할 것인가

구약은 해석하기 어려운 책이다. 저작된 시대나 목표된 청중, 메시지의 전달 방식 등이 현대와는 상당한 간극이 있기 때문에 설교자는 구약을 설교하기 위해 많은 공부를 해야 한다. 구약은 설교의 사각지대가 많은 책이다. 분량이 많음에도 잘 설교되지 않을 뿐더러, 설교된다 해도 본문이 주경적으로 신학적으로 적합하지 않게 해석되는 경우가 많다. 오늘날 강단에서 빚어지는 신학적 혼선은 많은 부분이 구약을 잘못 해석하는 데에 원인이 있다는 점을 감안하면 설교자에게 부과된 구약 연구의 책임이야말로 중차대한 것이라 아니할 수 없다.

설교자는 구약을 설교하기 위해 구약을 읽기만 하지 말고 '공부'할 것을 권하고 싶다. 양질의 주석을 택하여 성경을 한 문단 한 문단 꼼꼼히 그리고 철저히 공부해야 한다. 성경을 정독하면서 자신이 먼저 각 문단의 의미를 파악해 보고 그런 연후에 그것을 주석과 비교하며 다시 정리한다. 이렇게 하여 얻어진 결론을 차근차근 노트 해 둔다. 이와 같은 작업이 모아져서 각 권에 대한 공부가 끝나게 되면 자신만의 주석이 하나 생기는 셈이다.

이렇게 한 권 한 권 공부하여 결국 구약 전권이 다 학습되기까지 한다. 한 권을 공부하는데 긴 성경은 서너 달이 걸릴 수도 있고 짧은 것은 몇 주에 끝날 수도 있을 것이다. 구약 전체는 지속성 여부에 따라 5년 정도가 소요되거나 혹은 길면 10년 가량 걸릴 수도 있을 것이다. 그러나 5-10년을 투자해서 자신이 잘 갖추어진 구약 설교자로 태어난다고 생각해 보라. 조금도 아까운 투자라 할 수 없을 것이다.

주석을 읽으면 여러 가지 유익이 있다. 우선 본문을 주해하는 법을 배우게 된다(exegesis). 역사적 문법적 문학적 해석이 무엇인지 실제 본문을 통해 배우는 것이다. 구약 본문은 성경신학적 관점에서 재조망하는 일이 중요한데 이러한 신학적 해석을 어떻게 하는지도 배우게 된다(theology). 또 한가지 유익은 성경의 메시지를 현대어로 표현하는 법도 익힐 수 있다는 점이다(translation). 설교에 쓸 수 있는 정확하고 고상한 표현들은 외워두어야 한다. 설교자들에게는 너무 학술적인 주석보다도 본문의 이해를 돕도록 준비된 '메시지 중심 주석'이 유용할 수 있다(물론 학술적인 주석도 각 문단 주해의 마지막에 나오는 '메시지' 부분을 활용하면 됨).

목사에게 있어 성경 연구는 일생을 같이 가는 작업이다. 어떤
핑계로도 이 일은 생략되거나 포기되어선 안된다. 목사에게 있
어 기도와 성경 연구는 필수적인 조건이라 하겠는데, 아무리 기
도를 많이 해도 성경 연구가 되어 있지 않으면 불은 준비했는데
땔감은 없어 방을 데우지 못하는 경우와 같은 것이 될 것이다(물
론 성경 연구만 하고 기도는 하지 않으면 그것은 땔감은 있는데 불이 없
는 경우가 될 것이다). 설교자는 성실 외에 다른 아무런 지름길도
없음을 명심해야 한다. 교회가 약해지는 것은 우리 설교자들이
성경 공부의 면에 있어 성실의 후진성을 나타내는 것 외에 다른
아무 이유도 없다는 점을 명심해야 할 것이다.

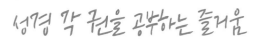
성경 각 권을 공부하는 즐거움

신학교에서 성경을 바르게 해석하는 방법(예컨대 성경신학적 조망, 문법-문예적인 주해, 역사적 배경에 대한 지식 등)을 익힌 목회자는 이제는 스스로 성경 각 권을 꼼꼼히 공부해 나가는 일이 필요하다. 신학 수업이 끝나면 신학 공부가 끝났다고 생각하는 것은 있을 수 없는 일이다. 세워진 뼈대에 살을 붙이는 것이 목회자 자신의 몫으로 남아 있기 때문이다. 장기적인 계획을 세우고 성경을 한 권 한 권 공부하여 전 성경을 다 공부하게 되기까지 해야한다.

여기서 성경을 공부한다는 것은 성경 한 권을 한 두 차례 정독한다거나 그 성경에 대해 개론 수준의 지식을 습득한다거나 하는 정도의 의미가 아니다. 한 성경의 본문 전체를 처음부터 끝까지 주해적으로 공부하는 것을 의미한다. 한 본문(문단) 한 본문(문단) 차근차근 정독하면서 그 본문이 참되이 의미하는 바가 무엇인지 파악하고 그것을 기록해 두는 것을 말한다. 어떤 2차 정보에 의존하지 않고 자신이 본문과 직접 부딪히며 성경 한 책을 다 공부해보는 것을 뜻한다. 한 권의 성경이 끝날 때마다 그 성경에 대한 자신의 주석을 갖게 될 것이다. 이렇게 한 권 한 권 공부하여 결국 구약 전권이 다 학습되기까지 한다. 한 권을 공부하는데 긴 성경은 서너 달이 걸릴 수도 있고 짧은 것은 몇 주에 끝날 수도 있을 것이다. 구약 전체는 지속성 여부에 따라 5년 또는 10년이 걸릴 것이다. 긴 안목을 가지고 계획을 세워서 이 작업을 해나가야 한다.

구약을 공부해 나가기 위해서 양질의 주석을 참고하는 것은 바람직한 일이다. 좋은 주석이란 전문 학자의 오랜 수고가 빚어낸 결실이다. 보수적으로 신뢰할 수 있는 주석을 택해서(성경 공부를 위해서는 너무 전문적인 주석보다는 본문의 메시지를 잘 다루어 준 주석이 좋을 것임) 성경과 함께 읽어나가면 좋을 것이다. 무조건 다 받아들일 필요는 없지만 많은 경우 주석은 우리의 잘못된 지식을 교정해 주거나 모호하게 알고 있는 것을 명료하게 해준다. 본문에 관련된 요긴한 지식도(역사적 배경, 문단의 구조, 장르 등) 공급해준다. 주석을 읽어나가면서 성경을 해석하는 방법을 배우게 되고, 성경의 메시지를 현대어로 표현하는 법도 익히게 된다. 무엇보다 주석을 읽는 것은 교회의 긴 성경 해석사와 대화하는 일이다. 이 대화를 통하여 설교자는 전통 속에 있었던 해석상의 여러 고민들과 만나게 되고 이 만남을 통하여 설교자는 성경을 해석하고 설교하는 데 있어 발생가능한 자신의 오류를 최소화하게 된다. 해석사와의 만남은 전체적으로 균형 있고 풍부한 설교가 준비되도록 도울 것이다.

설교자가 다른 설교자나 2차 문헌 따위에만 의존하여 성경을 이해하고자 하는 일은 지양되어야 한다. 직접 성경과 맞닥뜨려 말씀을 '체험적으로' 습득해야 한다. 자신이 직접 공부한 지식만이 살아 있고 힘있는 지식이다. 이러한 공부는 설교자로 하여금 설교를 바르게 할 수 있도록 도와준다. 성경을 법에 맞게 해석하는 능력을 길러줄 것이다. 수고와 인내가 요구되는 일이다. 그러나 그것은 보화를 캐내는 즐거움으로 항상 되돌아올 것이며 이 헌신의 시간을 통해서 설교자는 유능하고 충성된 일꾼으로 빚어져 나갈 것이다.

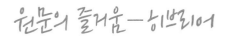
원문의 즐거움―히브리어

구약 성경은 히브리어로 쓰여졌다. 에스라와 다니엘서의 일부가 아람어로 쓰이긴 했지만 대부분의 구약성경은 히브리어이다. 따라서 구약을 정확히 이해하려면 히브리어를 아는 일이 필요하다. 구약을 설교하고자 하는 사람은 적어도 히브리어 문법의 기초와 기본 어휘 정도는 익혀 두는 것이 좋다. 원문이 과연 어떻게 말하고 있는지 확인하고 싶을 때가 있을 것이고 주석을 참고하고자 해도 좋은 고급 주석들은 당연히 원문에 대한 해설을 싣고 있기 때문이다. 물론 처음부터 설교 준비를 히브리어 성경을 가지고 하고자 한다면 히브리어 지식은 더 말할 필요도 없을 것이다.

히브리어를 익히는 것은 단순히 구약의 언어 체계를 해독하려는 일만은 아니다. 구약은 히브리어만이 지니고 있는 아름다운 문학적 기법들이 최대한 가동되어 기록된, 문학적 관점에서 볼 때도 빼어난 걸작이다. 전달하고자 하는 바가 '어떻게' 전해지고 있느냐 하는 것을 파악하는 것이 해석에 있어 매우 중요해

진다.

설교자는 성경에 쓰인 문학적 기법을 분석 음미함으로 전인 (全人)을 향해 말씀하시는 하나님의 음성을 보다 정확하고 풍부히 들을 수 있는 것이다. 이처럼 말씀이 전달된 방식과 그에 대한 정확한 해석이라는 차원까지 고려에 넣는다면 히브리어 지식은 설교자와 성경 교사에게는 필수적인 것이 아닐 수 없다.

합신에서 세 학기의(히브리어 I, 히브리어 II, 원문석의/구약석의) 히브리어 훈련을 마친 사람은 이 세 과정을 마침과 동시에 히브리어 성경을 조금씩이나마 꾸준히 읽어 나가는 일이 중요하다. 히브리어 성경을 한글 성경 보듯이 읽을 수는 없다 하더라도 필요할 때는 언제든 원문에 손이 갈 수 있는 정도는 히브리어 실력을 지킬 필요가 있다. 어떤 언어든 기본 문법으로 마스터되는 언어는 없으며, 어떤 언어든 일단 손을 놓으면 마치 비누가 손에서 미끄러져 나가듯 잊혀지지 않는 언어도 없다. 조금씩이나마 매일 꾸준히 독해 연습을 하는 것이 중요한 이유이다.

번역된 '메타포엄'(meta-poem, 어떤 원문으로부터 번역된 시를 가리키는 말로서 구약 성경도 하나의 시로 보고 번역된 구약을 지칭한 말)의 해석에 만족하지 말고 원래의 '포엄'(poem, 번역되기 전의 원문 시를 가리키는 말로서 원문 구약을 지칭한 말)을 있는 그대로 음미하고자 해야 한다. 히브리 성경이 지닌 고유한 맛으로부터 말씀의 정확하고 풍성한 깊이를 캐내는 즐거움은 문법을 마침과

동시에 원문 성경을 꾸준히 읽어 나가는 열정의 사람에게만 허
락되는 행복이다.

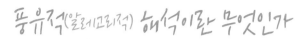

풍유적(알레고리적) 해석이란 무엇인가

풍유적 해석(allegorical interpretation)이란 알레고리 해석이라고 도 부르는 것으로 성경에 나타난 어떤 예화나 이야기의 세부 사항에 상징적 의미를 부여하여 해석하는 것을 말한다. 문자적으로는 그런 뜻이 아닌데 명시된 뜻과는 다른 의미가 부여되는 것이다. 결론부터 말하자면 대부분의 풍유적 해석은 본문을 왜곡할 위험이 높기 때문에 피해야 한다는 것이다. 원칙적으로 풍유적 해석은 주해학적으로 정당하지 않다.

물론 풍유적 해석이 언제나 잘못 된 것은 아니다. 본문이 하나의 이야기(비유 또는 예화)를 말하면서 그것을 알레고리(풍유)로 제시한다면(바로 이어 이야기 속의 상징들을 해설한다거나 하는 식으로) 물론 그것은 풍유적으로 해석되어야 한다. 예컨대 사사기 9장의 요담의 가시나무 비유라든지, 에스겔 15장의 쓸모없는 포도나무 비유, 17장의 두 독수리 비유, 19장의 암사자 비유, 24장의 끓는 가마 비유 등은 알레고리이다. 알레고리란 각각 무언가를 상징하는 사건이나 등장인물들로 구성된 이야기를 말한다. 성경은(특히 구약성경) 상징을 많이 사용하는데 상징을 하나씩 독립적으로 사용하기도 하지만(대부분의 경우는 그러함) 여러 개의 상징들을 써서 하나의 이야기를 구성하기도 한다. 후자의 경우를 알레고리라 하는데 이 경우에 개별 상징들의 의미를 밝히기 위해 풍유적 해석을 해줘야 하는 것이다. 에스겔 17장의 예를 들어보자. 1-6절에서 독수리는 느부갓네살왕을, 삼나무 가지는 여호야긴 왕을, 독수리가 팔레스틴 땅에 심은 포도나무 씨는 시드기야 왕을, 기름진 땅과 풍부한 물은 각각 팔레스틴 땅과 요단 강을 상징한다. 7-10절의 두번째 독수리는 바로왕을, 이 독수리에게 기우는 포도나무 가지는 시드기야가 정치적으로 이집트에 기우는 것을 상징한다. 이 하나 하나의 항목들이 무엇을 의미하는지 밝히기 위해 풍유적 해석이 필요하다.

문제는 애초에 알레고리의 의도가 없었던 대부분의 본문의 경우이다. 원래 상징의 의도가 없던 세부 항목에 상징적 의미가 있는 것처럼 소위 풍유적으로 해석하면 이는 분명한 본문 왜곡이 된다. 대표적인 예가 잘 알려진 누가복음 10장의 착한 사마리아인의 비유이다. 이 비유는 예수님께서 어려운 이웃에게 자비를 베풀어야 한다는 단순한 교훈을 주는 비유이다. 이야기의 세부 사항에 상징적 의도가 있다는 근거는 어디에도 없다. 그런데 이를 은혜롭게 해석한다 하여 강도는 마귀요, 주막은 교회요, 두

데나리온은 신약과 구약 성경이요 하는 식으로 (영적인) 의미를 부여한다면 이는 본문이 말하지 않는 것을 자의적으로 읽어 넣는 것이 되는 것이다. 정리하여 말한다면 알레고리는 알레고리로 해석을(풍유적 해석) 해야 하지만 알레고리가 아닌 것은 알레고리로 해석해서는 안된다는 것이다. 불행하게도 우리의 강단은 아직도 알레고리가 아닌 것을 알레고리로 해석하는 수가 많은 것 같다. 본문은 의도하지 않은 '신령한' 의미를 자의적으로 읽어내는 수가 많은 것 같다는 말이다. 주해(설교)에 있어 가장 중요한 일은 본문이 말하는 평범한 의미(plain meaning)를 찾아내는 것이다. 하나님께서는 일상의 언어를 사용하셔서 인간의 상식적인 논리를 향하여 말씀하시기 때문에 본문을 '넘어선' 특별난 의미를 찾으려 하기 보다는 평범하고 상식적인 의미를 찾고자 하는 것이 옳다. 즉 문법에 충실해야 한다는 말이다. 사실상 성경에 알레고리는 그리 흔하지 않다. 알레고리가 아닌 것에 풍유적 해석을 가하는 것은 본문을 많이 읽지 않았다는 의심을 사기에 적당하다. 본문을 읽고 공부하는 데 시간과 노력을 들이는 대신, 쉽게 자신이 이미 가지고 있는 생각, 또는 말하고 싶은 내용을 읽어버리고 있는 것이다. 부당한 풍유적 해석은 본문의 문법도, 역사적 배경도, 전체 성경을 아우르는 신학적 고려도 모두 무시해 버린 일종의 해석적 폭력이다. 성실한 본문 연구로 각 본문이 지닌 고유하고 예리한 '각'(角)을 찾아내는 작업을 할 때 우

리의 강단은 풍성해질 수 있다. 합법적인 주해의 토대 위에 선포
된 말씀은 영혼을 변화시키는 능력을 가지게 될 것이다.

고등비평을 어떻게 볼 것인가

19세기 말 벨하우젠이라는 학자가 문서설을 집대성한 이래 서구 기독교의 성경 해석은 양식비평, 편집비평, 전승사비평 등 소위 고등비평의 꽃을 피웠다. 적어도 지난 세기 100년간은 성경이 이 고등비평들에 의해 철저히 분석 분해된 기간이었다고 말할 수 있을 것이다. 보수 진영의 학자들은 끝까지 이것들의 전제나 방법을 거부했지만 그들은 소수였고 학계의 대부분은(자유주의 학자들) 이 근대가 낳은 화려하고 공상적인 방법과 정신에 몰입되어 성경을 성경이 아닌 다른 무엇으로 다시 만들어 내는 일에 여념이 없었다. 물론 각 비평이 자신의 이론을 전개하는 동안 부수적으로 얻은 통찰이 전혀 없었다거나 적었다고 말하는 것은 아니다. 유용한 결과물도 있었다. 문제는 그것들이 지닌 구조와 방법, 전제 등이 교회의 신앙에 대하여 끼친 해악인 것이다. 성경을 있는 그대로 믿지 못하도록 구실을 제공하고 신학을 약화시켜 교회로 하여금 확고한 믿음의 기반을 확보하지 못하도록 큰 훼방자 역할을 해왔다. 성경 전문가도 아닌 자들까지 교회의 신앙을 헐어보려고 고등비평을 어설프게 들먹이는 일이 언제나 그랬던 것처럼 오늘날도 여전한 것 같다. 그러한 자들은 국내 국외에 다 있는데 자신들이 믿기 싫으니까 어쭙잖게 학문의 이름을 들먹이며 애써 성경의 권위를 부인해보려 하고 있다.

고등비평이란 무엇인가. 고등비평(higher criticism)은 본문비평(textual criticism)이라 불리는 하등비평(lower criticism)과 대조하기 위하여 붙여진 이름이다. 고등비평과 하등비평은 성경 원문(현재에 전래된 사본이 아닌 성경이 처음 쓰여진 본문)을 기준으로 시간적으로 어디에 관심을 두는지를 가지고 구별한다. 하등비평(본문비평)은 원문 완성 이후의 시간에 관심을 갖는다(원문 완성 이후의 시간이란 원문 완성부터 현재 우리 손에 주어진 주후 10세기경의 맛소라 사본까지의 시간을 말함). 성경 본문에는 원문이 완성된 후 그것이 전수되는 긴 과정에서 어쩔 수 없이 많은 필사상의 오류들이 개입되게 되었다(성경 본문은 주후 15세기에 인쇄술이 발명되기까지 적어도 2000년 이상 필사자들이 직접 손으로 필사함으로 전수되었음). 본문비평은 이 오류들을 제거함으로 원문에 가장 가까운 본문을 찾아내려고 하는 작업이다. 보수 진영도 본문비평의 작업은 수행한다.

고등비평은 원문 완성 이전의 시간에 관심을 갖는다. 현재 맛소라 본문의 형태와 매우 유사했을 것으로 생각되는 원문은(사실은 제대로 남아 있는 것이 맛소라 본문뿐이므로 이렇게 말을 하지만 실제로 자유주의 학자들은 성경의 원문이 맛소라 사본과 많이 달랐을 것이라 생각함) 그 모습이 갖춰지기 이전에 어떤 긴 발전의 단계들이 있었다는 것이다. 이 발전의 단계들을 역사적으로 재구성해 내는 것이 고등비평이다. 성경 본문은 원문이 이루어지기 아주 오래 전부터 시작하여 처음에는 파편적인 수준이던 것이 시간이 지남에 따라 문학적인 성장을 거듭하여 오늘의 모습에 이르게 되었다. 오늘의 성경이란 원시적인 문학 파편이 긴 진화의 과정을 거쳐 형성된 복잡하고 고등한 문학복합체인 것이다. 고등비평은 성경을 이러한 역사적 문학복합체로 전제하고 그것의 생성 역사를 추적하는 방법이다. 하등비평(본문비평)과 고등비평을 간략히 비교하여 말한다면, 하등비평은 원문 이후의 전수과정에 일어난 본문적 발전(textual development; 이때 "발전"이란 말은 위에 말한 "오류"의 중성적 표현임)을 취급하는 학문인 데 반해, 고등비평은 원문이 있기까지의 본문의 진화 과정, 즉 본문의 문학적 발전(literary development)을 취급한 학문이라 할 수 있다.

고등비평은 지금의 성경은 그 배후에 긴 문학적 역사가 있는 것이므로 바른 '의미'는 이 역사를 캐보아야만 알 수 있다고 생각한다. 그래서 현재의 본문과는 필연적인 관련을 보장할 수 없는 '옛' 문서들, '옛' 삶의 자리들, '옛' 전승들을 가정하고 찾아내는 일에 주력하게 된다. 그리고 찾아낸 그 '옛' 것들에 궁극적 가치를 부여한다. 고등비평은 한 마디로 '본문의 뒤를 캐 올라가는'(behind the text) 작업이다. 본문의 배후의 역사에 그것의 실체적 진실이 있다고 믿는 것이다. 결과적으로 본문 자체의 가치는 제대로 인정하기 않게 된다. 현재의 본문을 있는 그대로 읽지 않고 지금 것이 아닌 어떤 다른 것을 찾아내어 읽고자 하는 것이니 현재의 본문을 원리적으로 부정하는 셈이다. 고등비평의 전제와 방법을 수용할 수 없는 이유는 바로 여기에 있다.

하등비평(본문비평)은 현재의 성경이 사본(맛소라 사본)에 근거한 것을 생각하면 피할 수 없는 작업이다. 그것은 오래된 문헌의 진정성 확보를 위해 일반 문학 작품에도 두루 쓰이는 과학적인 방법이다. 고등비평의 경우는 그렇지 않다. 고등비평은 전체적으로 추정(推定, deduction)에 근거하고 있다. 한 마디로 추정의 방법론이라 할 수 있다. 최종적이고 결정적인 본문 상의 증거가 없는 데도 그렇게 추정할 수 있다면 그 추정이 하나의 학문적 방법이 된다. 또한 고등비평은 개연성(蓋然性, plausibility)의 방법론이라 할 수 있다. 상당히 그럴 수 있다는 것만으로 그러한 것을 신학의 토대로 삼는다. 객관성과 절대성을 보장할 결정적인 증거가 없는 데도 학문이 성립하는 것이다. 그러다 보니 고등비평의 토론장은 늘 본문적 증거가 빈약한 서로 다른 개연성들이 서로의 주장을 굽히지 않는 각축장이 되곤 한다. 이처럼 본문의 명료한 증거에 기초하지 않은 학문 태도에서 나온 연구 결과들은 교회의 신앙을 허는 것들이었고 보수적인 학자들은 그 해악에 대해 오랫동안 경계해 오기를 마지않았다.

현금에 들어서는 자유주의 진영 자체가 종래의 고등비평이 성경 이해에 가져다 준 '황폐화'의 결과에 대해 본격적으로 반성하고 있다고 보여진다. 성경을 그렇게 분해적으로 찢어 읽다 보니 교회로부터 성경을 박탈한 결과만 남겼기 때문이다. 그래서 본문을 그렇게 분해하는 식으로 이해할 것이 아니라 현재의 본문 그대로, 소위 본문이 "현재에 서 있는 그대로"(as it stands) 보아야 한다는 움직임이 상당한 설득력을 얻어온 지 이미 오래다. 소위 전체론적인 접근법(wholistic approaches)이라 이름하는 것들이 그것이다. 현재의 본문이 지닌 수사적 문학적 구조 따위에 관심을 기울이면 성경은 그 이전의 어떤 단계나 역사가 중요한 것이 아니라 현재의 최종 형태가 의미 있고 중요하다는 결론에 이르게 된다는 것이다. 물론 여기까지만으로는 아직 전통적인 보수 진영의 입장과는 차이가 있지만 그래도 현재의 본문을 중시하는 쪽으로 '보수 회귀'한 경향을 보이고 있는 것은 사실이다. 보수 진영은 성경의 영감을 믿고 각 성경의 통일성을 믿는 일에 예나 지금이나 변함이 없는데 자유주의자들만 멀리 갔다가 이제 비로소 뉘우치고(?) 제 자리로 돌아오는 형국이라 할 수 있을 것이다.

어쩌면 성경의 비평이란 것들은 모두 유행이다. 아무리 내노라 하는 학자들이 종사하고 있다 하더라도 어느 시대 한 때를 풍미한 홍역에 불과하다. 고등비평이란 것도 모두 당시 시대 정신의 아들이었다. 크게는 다 서구 근대 정신이 가르친 전제의 산물들이었다. 보수 진영은 우직하지만 처음부터 성경의 각 권은 애초부터 하나로 쓰여진 작품임을(그래서 영감된 하나님의 말씀임을) 의심하지 않고 있었다.

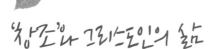

'창조'와 그리스도인의 삶

존재를 존재되게 하며 세계에 대한 바른 안목을 세워주는 '창조'
는 기독교 신학의 전체 구조 안에서 매우 중요한 주제이다. 물론
기독교 신학에서 가장 핵심이 되는 중요한 주제는 구속이다. 죄
로 타락한 인간이 십자가 대속의 공로로 구원 받는다는 진리보
다 성경에서 더 큰 진리는 없고, 인간 영혼의 구원보다 세계 역사
에서 더 중요한 일은 없기 때문이다. 그러나 그렇다 하더라도 창
조의 주제가 여러 가지 이유로 무시되거나 등한시되는 일이 있
다면 그것은 결코 정당화될 수 있는 일이 아니다(창조를 구속의
서론 정도로만 취급해서는 안 되고 하나의 독립된 주제로 독립된 가치
를 부여하여 본격적으로 탐구해야 한다). 창조는 하나님이 자신의
경륜을 이끌어 가시는 전체적인 관점이며 시각이기 때문이다.
　　창조-타락-구속-완성으로 이어지는 성경계시 파노라마의
매 국면이 창조와 연결되어 있다. 구속이 기독교의 정체성을 담
보하는 핵심 진리인 것은 사실이나 하나님의 전체적인 관심은

창조세계 전체를 향하고 있다는 말이다. 구속도 그 궁극적인 목표를 창조세계의 회복에 두고 있기 때문에 이 점은 더욱 자명해진다. 인류를 포함한 전 우주가 하나님의 관심 영역이다. 이와 같이 하나님이 창조계 전체에 관심과 기대를 가지고 계시다는 사실은 그리스도인의 삶의 방식이 어떤 것이 되어야 하는가 하는 문제에 결정적인 영향을 끼친다.

개혁주의 교의 중에 문화소명(cultural mandate)이란 것이 있다. 종교 영역 뿐 아니라 삶의 모든 영역에서 하나님의 뜻을 실현하라는 그리스도인을 향한 부르심을 말한다. 바로 이 문화소명이란 것이 전 창조세계에 대해 관심을 가지신 하나님의 자녀가 살아가야 할 길이 될 것이다. 만일 하나님이 오직 구속에만 관심을 지니고 계시다면 하나님의 자녀들은 오직 영혼을 구원하는 일에만 마음을 써도 될 것이다. 그러나 하나님은 창조에 지대한 관심을 지니고 계시기 때문에 하나님의 자녀도 이 하나님의 관점과 조화하여 전 세계, 삶의 전 영역에 대해 관심을 지녀야 한다. 그리고 이 전 영역에 대해 책임지는 삶을 살아야 한다. 하나님의 관심 영역으로 그리스도인의 책임 영역이 넓어지는 것이다. 그리스도인은 이제 가정과 직장에서의 개인적인 생활 뿐 아니라 세상의 정치, 경제, 사회, 문화, 국제 관계, 지구촌의 미래, 환경 등 삶의 모든 방면에 있어 하나님의 뜻과 목적을 구현하기 위해 분투해야 하는 사람이다. 자신의 죄를 회개하며 성결을 힘

쓰고 인격이 예수님을 닮아가도록 치열한 투쟁을 벌일 뿐만 아니라, 삶의 모든 영역에서 하나님 나라의 가치가 구현되도록 최선의 싸움을 경주하는 사람이다. 칼빈주의가 지향하는 하나님의 영역주권(sphere sovereignty)이란 것이 바로 신자의 이러한 삶의 방식을 두고 하는 말이다.[1]

개혁주의적 삶의 특징을 "공적 신학"(public theology)이라는 말로 표현하기도 한다.[2] 그리스도인의 신앙은 "개인적인"(personal) 것이긴 하지만 "사적인"(private) 것은 아니라는 말이다. 그리스도인은 "공적인"(public) 책임을 지는 사람이다. 자신이 사는 지역 사회로부터 시작하여 국가, 지구촌에 이르기까지 사회적인 책임을, 그리고 지구의 미래와 환경에 이르기까지 역사적인 책임을 진다. 삶의 모든 영역에서 '하나님 앞에'(Coram Deo) 살아간다.

물론 그리스도인은 무엇보다 복음을 전도하는 일에 힘을 기울여야 한다. 영혼 구원하는 일이 없으면 그리스도인의 사역이

---

1) 합동신학대학원대학교의 학교 요람(要覽)에는 "우리의 신앙고백"이란 것이 나온다. 개혁주의 신자의 신앙은 어떤 것이어야 하는가를 요약한 것이다. 전체 9항으로 되어 있는데 우리의 주제와 관련하여 5항과 8항을 주목할 필요가 있다. 5항: "우리는 성령의 조명하시며, 중생시키시며, 내주하시며, 성화하시는 사역과, 그리스도인으로 하여금 세상에서 복음을 효과 있게 증거하게 하시며, 책임 있는 봉사를 하게 하시는 사역을 믿는다"; 8항: "우리는 성경의 교훈에 따라 하나님 나라를 실현하라는 하나님의 명령에 순종하여 현대적 상황에서 사람과 문화를 변혁시키는 것이 교회의 책임임을 믿는다." 합동신학대학원대학교, 『요람: 2011-2012』 (수원: 합동신학대학원대학교 교학과, 2011), 8.

2) 심재승, "개혁주의 세계관을 위한 성경이해," 「기독신학저널」 6 (2004): 97.

란 아무것도 아니며 아무 의미도 없다. 그리스도인은 할 수 있는 한 많은 사람이 그리스도를 만나도록 복음을 전해야 하며 또한 복음을 받은 이들이 복음을 통해 변화되도록 지속적으로 도와야 한다. 이 사명을 '구속에의 부름'이라 부를 수 있을 것이다. 그러나 그리스도인의 사역은 여기에 머무르지 않는다. 하나님은 이 세상을 지으셨고 지극한 관심과 사랑으로 그것을 바라보고 계시다. 따라서 이 세상 자체도 그리스도인의 사역의 대상이다. 그리스도인은 이 세상에 하나님의 뜻이 구현되도록, 그래서 이 세상이 그의 주권이 힘 있게 시행되며 그의 영광이 널리 드러나는 곳이 되도록 만들어야 하는 사명을 부여받은 사람이다.[3] 이를 '창조에의 부름'이라 이름 할 수 있을 것이다. 그리스도인은 두 부

---

3) "세상"이란 말을 부정적으로만 생각한다면 오해이다. 물론 성경은 "세상"을 부정적인 함의로 쓰기도 한다. 죄의 영향 아래 있는 영역이요, 죄된 삶의 스타일만이 지배하는 곳이란 의미이다. 다음 구절들을 보자: 요일 2:15-16 "이 세상이나 세상에 있는 것들을 사랑하지 말라 누구든지 세상을 사랑하면 아버지의 사랑이 그 안에 있지 아니하니 이는 세상에 있는 모든 것이 육신의 정욕과 안목의 정욕과 이생의 자랑이니 다 아버지께로부터 온 것이 아니요 세상으로부터 온 것이라"; 요일 3:13 "형제들아 세상이 너희를 미워하여도 이상히 여기지 말라"; 요일 4:5 "그들은 세상에 속한 고로 세상에 속한 말을 하매 세상이 그들의 말을 듣느니라." 그러나 다른 구절들에서는 "세상"을 중성적인 (따라서 긍정적인) 의미로 쓰기도 한다. 즉 하나님의 주권이 작용해야 하고 하나님의 사랑이 부어져야 할 영역이란 의미이다: 요일 4:14 "아버지가 아들을 세상의 구주로 보내신 것을 우리가 보았고 또 증언하노니"; 요 3:16 "하나님이 세상을 이처럼 사랑하사 독생자를 주셨으니 이는 그를 믿는 자마다 멸망하지 않고 영생을 얻게 하려 하심이라." 참고: 심재승, "개혁주의 세계관을 위한 성경이해," 94-95, n. 42. "세상"을 "악하고 죄 많은 세상"으로 무조건 부정적으로만 생각하는 습관은 지양되어야 한다. 그런 습관은 세상을 배타적이고 적대적으로만 대하게 되어 이원론이나 도피주의로 빠지게 된다. 건강한 것은 "세상"의 두 면을 다 고려하여 '세상적인' 삶의 스타일이 지배하는 세상과 그것이 유발하는 죄에 대하여는 경계하되, 하나님의 은혜가 시행되어야 할 영역으로서의 세상과 그에 대한 신자의 책임에 대하여는 적극적으로 생각하는 태도이다.

름 모두에 부름 받았다. 첫째 부름에 대해서는 주의 환기가 되어 있는 편이라 할 수 있다.[4] 충분한 주의와 관심이 주어지지 못한 것은 두 번째 부름이다. 어디에서 잃어버렸는지 살피어 성경이 가르치는 온전하고 균형 잡힌 신앙이 되도록 놓쳤던 이 둘째 부름을 회복해야 한다. 그리스도인은 세계에 대해 눈을 감을 수 있는 존재가 아니다. 세계는 하나님의 주권이 시행되어야 하는 창조 영역이다. 그리고 그리스도인의 책임 영역이다. 성경 계시 첫머리의 창조기사부터 요한계시록에 이르기까지 이 점은 줄기차게 힘주어 선포되고 있다.

---

4) 사실은 이 점도 한국교회의 경우는 검토의 여지를 적잖이 남긴다. 교회 내에서 복음의 본질이 성실히 가르쳐지고 있는지 진지한 검토가 필요한 것 같다.

구약시대의 안식일 준수와 예배의 정신

웨스트민스터 신앙고백은 "안식일은 세상의 시작부터 그리스도 의 부활까지는 일주일의 마지막 날이었으나 그리스도의 부활 이 후는 일주일의 첫째 날로 바뀌었다"고 진술한다(웨스트민스터 신 앙고백, XXI. 7). 이 고백의 기초 위에 구약에 나타난 안식일의 의 미와 정신을 살펴서 그것을 그리스도인의 안식일인 주일에 적용 해 보기로 하자. 구약 성경이 보여주는 안식일에 대한 명령과 이 스라엘의 안식일 경험을 살핌으로 안식일의 참된 의미를 알아보 기로 한다. 교회에서 주일성수와 예배에 대한 이해가 약해지는 이때에 성도들이 하나님께서 주신 안식일의 본래 의미를 잘 깨 달아 주일을 의무나 율법적 부담이 아닌, 하나님의 은총을 맛보 는 기회요 하나님의 백성으로서의 능력을 덧입고 새로워지는 기 회로 기쁘고 즐겁게 지키는 계기가 되었으면 한다.

　첫째, 안식일은 자유의 날이며 예배의 날이다. 먼저 십계명에 나타난 안식일 명령에 대해 살피고자 한다. 십계명은 언약 백성의 기본적인 삶의 원리를 말해주기 때문에 십계명을 가장 먼저 다루는 것이 좋을 것이다. 십계명은 출애굽기 20:2-17과 신명기 5:6-21 두 군데에 나온다. 따라서 안식일 계명도 두 번 나오는 셈이다(출 20:8-11, 신 5:12-15). 출애굽기는 "안식일을 기억하여 거룩하게 지키라"고 말하고 있고(20:8), 신명기는 "네 하나님 여호와가 네게 명령한 대로 안식일을 지켜 거룩하게 하라"로 되어 있다(5:12). 신명기는 "네 하나님 여호와가 네게 명령한 대로"라는 구절을 첨부하는데 이는 출애굽기의 안식일 계명을 전제하여 그것을 염두에 두고 한 말이므로 출애굽기와 신명기의 두 안식일 계명은 동일한 계명이다. 신명기는 이미 알려진 출애굽기의 안식일 계명을 가나안에 들어간 후에도 잘 지킬 것을 명령하고 있을 뿐이다.

그런데 안식일을 지키는 동기만은 두 계명이 다르게 말하고 있다. 즉, 출애굽기는 하나님이 엿새 동안 만물을 만드시고 일곱째 날에는 쉬셨기 때문에 안식일을 지키라고 하고, 신명기는 하나님께서 이스라엘을 애굽 땅 노예살이에서 건져내셨기 때문에 안식일을 지키라고 말씀한다. 동일한 신학적 실체(안식일)를 다른 시각과 논리로 제시하고 있는 셈이다. 하나의 계명이면서 동기가 이렇게 다른 것을 어떻게 이해할 것인가. 안식일은 인간에게 두 가지 중요한 의의를 지닌다는 함의로 볼 수 있다. 인간은 두 가지 자유가 필요하다. 노동으로부터의 자유와 노예됨으로부터의 자유이다. 창조 질서의 관점에서 인간은 노동으로부터 해방될 필요가 있고, 구원론적인 관점에서 인간은 죄의 노예 상태에서 해방될 필요가 있다. 구약의 안식일은 이 두 가지 해방과 자유를 누리고 기념하도록 주신 특별한 은혜의 날인 것이다.

인간은 쉼이 필요한 존재이다. 안식일은 인간이 휴식을 취할 수 있도록 하는 날이다. 그럼으로 삶의 창조적인 능력을 부여받을 수 있다. 또한 인간은 죄로 부터의 구원이 필요한 존재이다. 안식일은 하나님의 백성을 구원하신 하나님의 크신 일을 기억하면서(기념하면서) 영혼이 죄에서 놓임 받고 새로워지는 날이다. 창조(창조적 능력)와 구원(죄를 극복함)이 안식일이라는 하나의 신학적 실체 안에 하나로 융해되어 있다. 어느 신학자의 말처럼 창조와 구원은 한 신학적 실체의 두 얼굴인 셈이다.

하나님이 자기 백성에게 주신 두 가지 자유는 하나는 창조(섭리) 질서에서의 자유이고 다른 하나는 구속 질서에서의 자유이다. 창조 질서에서의 자유란 어떤 것인가. 인간은 성취를 향해 채우기만 하는 존재가 아니다. 채우기만 하면 포화되어 폭발할 수 있다. 적절한 주기로 비워줘야 한다. 노동은 귀한 것이지만 적절히 쉬어가며 할 때 제 가치를 발휘할 수 있다. 일주일의 하루 안식일은 인간이 자신의 욕심을 내려놓고 모든 것의 주인이 하나님이심을 인정하는(acknowledge) 청지기 고백의 날이다. 이 날을 지킴으로 해서 인간에게는 진정한 삶의 질서가 회복된다. 구속

질서에서의 자유란 무엇인가. 인간은 비록 구원받았다 하더라도 이 땅에 사는 동안 죄악의 때(더러움)에 지속적으로 오염돼 가게 되어 있다. 늘 회개하는 생활을 한다 하더라도 일주일에 하루는 믿음의 공동체가 함께 모여 말씀을 듣고 교제하며 그리스도께서 이루신 구속의 은총을 확인하고 고백할 필요가 있다. 그렇게 함으로 말미암아 남은 엿새의 일상생활 가운데서 죄를 이기고 하나님 나라를 건설하는 능력을 덧입을 수 있다. 안식일은 이처럼 두 가지 자유를 얻는 날이다. 일의 노예에서 벗어나 자유를 얻고 죄의 노예에서 벗어나 자유를 얻어 회복과 새 창조의 능력을 맛보는 날이다.

또한 안식일은 이러한 큰 은혜를 주신 하나님을 예배하고 찬양하는 날이었다. 안식일은 단순히 주신 것을 누리기만 하는 날이 아니었다. 그날은 축제일(day of feast)이었고 따라서 하나님을 예배하며 그분에게 영광을 돌리는 날이었다. 주일도 마찬가지다. 주일은 일에서 손을 놓고 안식하면서 하나님을 예배하는 날이다. 하나님의 백성이 함께 모여 한편으로는 창조주 하나님을 찬양하고 다른 한편으로는 구속주 하나님을 찬양하면서 하나님을 영화롭게 하는 날이다.

둘째, 그러면 안식일을 지키는 태도는 어떠해야 하는가. 구약 이스라엘의 경험과 선지자들의 설교를 보면 안식일은 무거운 짐을 지우는 날이 아니었고 기쁨과 즐거움의 날이었다. 물론 안식일의 시행에 관해 말씀하시는 하나님의 태도는 단호하기 그지없다. 출애굽기 31:14, 15에 보면 안식일에 일하는 자는 누구를 막론하고 죽이라고 하신다(참고: 출 35:2; 민 15:32-36). 그러나 이것은 안식일 준수가 인간에게 얼마나 중요한 것인지 강조하는 엄중한 경계의 말씀에 다름 아니다. 실상 안식일을 지키는 이스라엘의 태도는 큰 기쁨이었다. 출애굽기 16:25은 안식일은 금식 등의 무거운 부담을 짊어지는 날이 아니고 "먹는" 날, 즉 즐거운 잔치일(축제일)이라고 말한다. 안식일은 인간을 위한 휴식일이요(30절), 하나님이 주신 선물이었다(29절).

선지자의 설교도 이것을 말한다. 이사야 58:13-14에 따르면 안식일은 매일매일 애쓰는 수고로부터 해방을 경험하는 자유의 날일 뿐 아니라 기쁨과 즐거움의 날이다. 안식일은 율법적으로 힘든 짐을 지우고자 하는 제도가 아니다. 인간의 삶에서 기쁨을 창조해내는 제도이다. 안식일을 지키는 자는 여호와 안에서 기쁨을 누리고 땅의 높은 곳에 다니게 되며 야곱의 기업으로 배부르게 된다. 이사야 56:1-8, 66:23 등에도 보면 안식일은 하나님과 이스라엘 사이에 회복된 관계와 이스라엘에게 임하는 큰 복락의 상징으로 나타난다.

우리의 교회에 주일성수가 약해지는 것은 혹시 지나치게 율법주의적인 열심에만 경도했던 탓은 아닐까. 주일을 지키지 않으면 벌 받는다는 식의 단순한 공식으로만 주일을 이해한다면 그것은 구약의 하나님을 가차 없는 심판만 가하시는, 인격도 없으신 기계와 같은 하나님으로 오해하는 것과 궤를 같이 하는 것이다. 주일을 잘 지키면 복을 받는다는 단순 공식도 이에 다르지 않다. 하나님을 하잘 것 없는 인간의 공적에나 의존해서 반응하시는 작고 치졸한 하나님이요, 역시 철저히 기계적이고 비인격적인 하나님으로 격하한 이해인 것이다. 하나님은 우리의 행위에 의존하지 않으신다. 극히 부패하여 희망이 없는 우리를 그래야 할 이유가 전혀 없으신 데도 조건 없이 사랑하시어 독생자를 보내어 무서운 심판에서 건져주셨다. 하나님은 언약의 하나님으로서 자기 백성을 사랑하시되 무한히 사랑하시고 끝까지 사랑하시는 하나님이시다. 안식일은 그 사랑의 표현으로 주신 제도이다. 복을 받거나 문제 해결을 하려고 주일을 지키는 것도 아니고 벌을 받을까봐 무서워 주일을 지키는 것도 아니다. 하나님께서 주신 한량없는 은혜와 자유를 누리며 이에 감사하고 하나님께 영광 올리려고 모이는 것이 주일이다. 주일은 우리의 보잘 것 없는 공적에 의존하지 않는다. 하나님의 측량할 수 없는 은혜에만 의존한다. '받으려고' 지키는 것이 아니고, 이미 받은 너무나 큰 것을 누리고 감사하는 것이 주일의 기쁨이다. 물론 우리 주변에 여러 가지 근심과 걱정, 해소돼야 할 문제들이 일부일 다가오지 않는 것이 아니지만 그러나 복음의 은혜를 깨닫고 하나님과 바른 관계를 맺고 살아가는 사람에게는 이러한 문제는 사소한 것이 되며 하나님은 그들의 문제를 흔쾌히 해결해 주시는 분이시다. 복을 받고 못 받고 문제를 해결하고 못하고에 주로 매달리는 신앙에서 벗어나 하나님이 주신 (창조와 구속의) 은혜를 먼저 기리는 신앙을 훈련할 필요가 절실하다. 주일은 성도들이 함께 모여 하나님이 주신 자유를 향유하며 이러한 자유를 주신 하나님을 예배하며 그분과 교제하는 큰 즐거움의 날이다.

셋째, 안식일의 '윤리'에 대해서도 생각할 필요가 있다. 안식일은 '나' 자신만 쉬는 날이 아니라 자녀, 남종과 여종, 가축이나 이방인까지도 쉬게 하는 날이었다(출 20:10; 신 5:14). 특별히 신명기 5:14는 출애굽기에는 없는 한 구절을 덧붙이고 있다. 그것은 "그리하여 네 남종과 여종이 너처럼 쉴 수 있도록"이라는 말이다. 여기 쓰인 "쉬다"는 말은 말 그대로 "휴식하고 안식한다"는 뜻이다. 자신의 백성에게 안식을 명하면서 그들과 함께한 종의 안식까지 염두에 두신 하나님이시다. 아마도 애굽 땅 종되었던 곳에서 구원해 내셨으니 너도 종된 이들에게 인도적인 배려를 하라는 말씀이 아닌가 한다. 신명기의 안식일 계명은 자신이 받은 구원을 기억하고 누릴 뿐 아니라, 배려와 놓임을 필요로 하는 이들에게 같은 구원과 사랑을 베풀라고 권하는 말씀이다. 하나님으로부터 자유롭게 하시는 은총을 받은 자들은 전에는 안 보이던, 자신들 곁에서 무거운 고통과 수고로 허덕이며 고단하게 살아가는 이들을 볼 수 있는 새로운 눈을 부여받은 자들이다.

그리스도인의 구속은 혼자만의 차원의 것이 아니다. 도움과 배려가 필요한 이들에게도 구원과 안식의 은총이 함께 돌아가게 하는 그러한 구속이다. 현대인들은 '혼자'에 지나치게 훈련되고 익숙해져 있다. 그래서 더더욱 병들고 시달린다. 성경의 신앙은 '같이,' '함께'의 교제이며 윤리이다. 구약은 이스라엘을 하나의 공동체로 부르고 있고, 신약도 교회를 하나의 몸으로 부르며 "함께 지어져 간다"고(엡 2:22) 말한다. '혼자'를 버리고 '같이'를 찾는 것만으로도 현대인에게 큰 회복과 치유가 올 것이다. 안식일은 부패의 결과로 나온 반역적인 '혼자'를 버리고 성경적인, 순종과 회복의 '같이'를 찾는 날이다. 주일은 하나님께 예배하는 행위에만 그치는 날이 아니라 자신이 받은 구원에 감사하여 "서로 받으며"(롬 15:7), 놓임과 도움이 필요한 이들에게 손을 내미는 사랑 실천의 날이기도 하다. 주일을 통하여 자유를 주신 하나님을 기뻐하면서 사랑을 연습하는 것이 주일성수의 참 뜻이라 하겠다.

넷째, 마지막으로 안식일의 근원적이며 신학적인 의미를 살펴보자. 어쩌면 이 점은 앞에 논의한 것들보다 선행하며 가장 중요한 것일 수도 있다. 안식일은 언약의 징표(sign)였다(출 31:13, 17; 겔 20:12, 20). 이 점은 구약의 안식일에 대한 명령, 이스라엘의 안식일 경험, 선지자들의 안식일 설교 등 안식일에 대한 제반 사항들의 기본적인 전제가 된다.

구약에서 안식일을 지키는 것은 가장 본질적인 행위였음을 기억할 필요가 있다(출애굽기 31:16은 안식일을 지키는 것을 심지어 "영원한 언약"이라고까지 말한다). 하나님과의 언약을 기억하는 행위였기 때문이다. 안식일은 이스라엘이 하나님과의 언약에 성실한가 그렇지 못한가를 가늠하는 시금석이었다. 그것은 이스라엘을 선택하시고 구원하시며 인도해 가시는 사랑의 하나님을 향한 고백행위요, 그의 백성으로 살아가는 제반 힘을 공급받는 통로였다. 안식일을 지키지 않는 것은 하나님과 관계가 단절되는 일이었고, 하나님의 백성으로서의 능력을 상실하는 일이었다. 따라서 지도자들은 안식일 준수를 강력한 마로 권고했고(출 31:14, 15) 그것이 느슨해졌을 떼는 그것을 회복시키기 위해 전력을 다했다(느 13:15-22). 안식일 준수는 하나님과의 "언약을 굳게 붙드는" 행위였다(사 56:4, 6).

그리스도인은 하나님의 언약 백성, 특히 십자가에 보혈을 흘려 세워주신 새 언약의 백성이다(눅 22:20). 새언약은 이 세상의 그 어떤 것도 "우리를 우리 주 그리스도 예수 안에 있는 하나님의 사랑에서 끊을 수 없도록"(롬 8:39) 그리스도인들을 하나님께 강력히 접붙인다. 우리가 언약 백성이라면 안식일을 기억해 지키는 것은 지극히 당연한 일이다. 하나님의 창조와 구속의 은혜와 사랑을 안다면 그 사랑에 성실히 응답하는 자세로 주일을 지켜야 할 것이다.

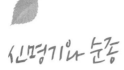

신명기와 순종

신명기는 구약에서 가장 영향력이 큰 책이라 말해진다. 하나님과 가나안 땅에 정착한 이스라엘 사이의 언약 관계를 확언하는 책이기 때문이다. 신명기에 나타난 언약에의 순종 권면은 향후 전선지서(여호수아~열왕기하)와 후선지서(이사야~말라기)의 표준 모델이 되어 이스라엘의 삶을 평가하는 기준이 되었다. 그리고 선지자들의 설교 영감의 원천이 되었다. 신명기는 가히 이스라엘 역사 서술의 가장 선두에 서 있는 책이라 말할 수 있겠다.

신명기는 주전 15세기 히타이트 종주 조약(suzerain treaty)를 닮은 형태로 쓰여졌다는 것이 학자들 사이의 중론이다. 즉 신명기는 전문(1:1-5), 역사적 서언(1:6-4:49), 규정들(5-26장)(이는 다시 일반 규정들[5-11장]과 상세 규정들[12-26장]로 나눠짐), 저주와 축복(27-30장), 주기적 낭독·보관·증인들(31-34장) 등의 구조를 지닌다. 종주 조약의 형태를 빌려 신명기를 썼다는 것은 하나님과 이스라엘 사이의 강력한 결속 관계를 말하려 함이다. 물론 실질적 내용은 정치적 종주 조약을 훨씬 넘어선다. 종주 조약이 종주왕의 이해를 극대화하려는 것이라면 하나님의 언약은 하나님의 이스라엘을 향한 사랑을 극대화하려 한 것이다. 하나님과 이스라엘 사이의 친밀한 사랑을 목표로 하는 강력한 결속으로서 언약은 이스라엘에게 "하나님과의 연합과 교제"(communio cum Deo)를 의미한다.

이 연합과 교제는 출애굽으로부터 시작된다. 애굽으로부터의 해방이라는 전대미문의 기적과 은혜를 통해 이스라엘은 제사장 나라요 거룩한 백성이요 하나님의 소유가 되었다(출 19:5-6). 그리고 이제 이 연합과 교제는 (언약 안에 주어진) 율법에 순종하는 것을 의미한다. 신명기는 순종을 하나님 사랑이라 말한다(신 6:6, 10:12-13, 11:1, 13, 12:4, 19:9, 30:16, 30:20).

신명기에 문학 장르의 이름을 붙여보라 한다면 그것은 "권면"(exhortation)이다. 신명기 어디서나 발견되고 처음부터 끝까지 발견되는 것이 순종에 대한 권면이다(신명기를 설교라 부르는 이유도 이것이다). 이스라엘의 역사나 신학에 대해 새로운 정보를 제공하고자 하는 열심은 신명기에는 없다(새로운 정보는 인간과 인간의 구원의 기원을 말하는 창세기, 구속의 기원과 의미를 말하는 출애굽기와 레위기 정도로 충분하다). 인간의 죄와 부패를 해결하기 위한 구속의 토대는 다 놓아졌다. 이제는 이스라엘이 그 구속 안에 살며 그것을 누리고 하나님의 나라를 이루어 세상을 구원하는 임무를 수행하는 일만 남았다. 이를 이루는 것이 언약에 충성하는 태도, 즉 율법에 순종하는 삶인 것이다. 그래서 신명기는 책 처음부터 끝까지 한편으로는 출애굽의 은혜를 상기시키며, 다른 한편으로는 율법에 순종할 것을 지칠 줄 모르는 열정으로 설파한다. 이 열정은 구약성경 전체의 기본적인 태도이기도 하다.

신명기가 순종을 권면하는 방식은 크게 세 가지이다. 첫째는 하나님이 출애굽의 은혜를 베푸셨기 때문에 순종하라고 한다. 이것이 출애굽의 의미이다. 하나님의 말로 다할 수 없는 사랑이 이스라엘을 구원해 냈고 그들 안에 "구별성"(distinctiveness)을 빚어내었다(출 19:6). 이 구별성을 살아내는(live out) 것이 순종인데 이것이 이스라엘이 받은, 이스라엘이 이 땅 위에 존재하는 의미인 것이다. 둘째는 앞에 말한 대로 순종하는 것이 하나님을 사랑하는 것이기 때문에 순종하라고 한다. 셋째는 순종하면 복이 따른다는 것이다. 순종에 찬란한 축복이 따른다는 점은 신명기가 줄기차게 말씀하는 바요(28장, 30장 등 여기저기), 전 구약성경이 보응의 원리라는 의의 질서를 통해 줄기차게 이야기하는 바이다.

우리는 예수께서 우리 안에 빚어 주신 새사람이라는 구별성을 살아내는 사람들이다. 그렇게 함으로 무엇을 받아내겠다는 것이 아니라 그렇게 사는 것 자체가 우리의 의미이다. 그렇게 살 때 또한 하나님은 상상할 수 없는 복을 주시려고 준비하고 계시다. 그러나 여전히 우리의 목표는 복이 아니고 의미이다. 예수님께서 우리를 구원해 주셨기에, 그리고 그것이 전부요 그 안에 모든 것이 있기에 우리는 순종한다. 하나님을 만나 교제하며 사랑하고자 하는 소원이 그리스도인 누구나의 마음속에 있다. 하지만 어떤 것이 하나님을 사랑하는 것인지에 대한 오해는 얼마든지 있을 수 있다. 신비한 느낌을 느끼거나 환상 따위로 확인하는 것이 하나님을 만나는 것은 아니다. 하나님을 만나고 하나님을 사랑하는 일은 매일 자신을 살피며 죄를 회개하고 말씀 순종을 위해 자신을 부인하는 격렬한 투쟁을 이어가는 것이다. 순종을 권면하는 신명기가 우리의 가슴을 설레게 하는 이유이다.

책임 있는 사회정신

선지서를 공부하다 보면 선지자들이 사회의 부정과 부패를 너무 큰 목소리로 질타하는 것을 보고 놀라게 된다. 그것이 그렇게 심각한 일이었던가 싶은 것이다. 하나님을 배반하고 우상숭배에 빠지는 것이야 종교의 본질에 해당하니 하나님이 으레 싫어하시고 크게 질타하셔도 그리 이상할 것이 없다. 그러나 사회 문제야 그렇게까지 문제 삼을 게 있으셨을까 하는 생각이 드는 것이다. 그러나 요즘 '이게 나라냐' 하는 상황을 겪으면서 권력과 그 주변에서 일어나는 부패를 드라마 보듯 학습하게 되니―부패는 언제나 마찬가지였겠지만 그 동안은 '기술'이 좋아서 요즘처럼 적나라하게 '들키지' 않았던 것이리라―선지자들의 사회 불의에 대한 질타가 얼마나 적실한 것인지 비로소 절감하게 된다. 불의와 부패는 세상에 작동해야 하는 "의"(義)의 원리를 좀먹어 사회의 미래를 뿌리로부터 무너뜨리는 것이다. 선지자들의 깊은 근심과 질책은 선지자 당시만을 위한 것이 아니고 바로 오늘 우리를 향한 것이라는 점을 절실히 깨닫게 된다.

선지서뿐만이 아니다. 성경, 특히 구약성경 전체는 "바른" 나라를 구현하고자 하는 꿈으로 가득하다. 성경은 과도하다 싶을 정도로 "의"에 대해 깊은 관심을 갖는 책이다. 따라서 우리 기독교인들의 신앙은 기본적인 초점이야 두 말 할 나위 없이 개인 영혼의 구원과 성장에 맞춰져야 하지만, 거기에만 머무르지 말고 '더불어 사는 사람들에 대한 책임'이라는 가치 실천으로까지 관심이 한 걸음 넓혀져야 한다. 이것은 새삼스러운 내용이 아니라 원래부터 복음의 본질에 속한 내용이다. 아모스나 미가 등이 말하는 '선민의 창조적 책임'이 그것이고, 월터스토프가 표현한 "세계 형성적 기독교"라는 것이 바로 그것이다.

대한민국은 건국은 됐지만 여태껏 '설계'는 없는 나라라고 보는 것이 옳을 것이다. 그동안 재화와 경제에 대한 관심은 많았지만 정신적 가치를 세우는 데는 신경을 제대로 써본 적이 없다. 보수 정부가 들어서든 진보 성향의 정부가 들어서든 모두 잘 살아 보자고, 경제적으로 부강한 나라가 되어 보자고만 외쳤다. 물론 백성들이 배를 곯지 않도록 하려는 애민 정신으로부터 출발한 것이니 옳고 당연한 일이긴 했다. 그러나 역사의 백년을 위해서는 재화는 사회의 이상으로서 턱없이 부족한 모토이다. 그것은 20-30년의 먹을거리는 될지언정 사회의 참된 기초도 근원적인 처방도 될 수 없기 때문이다. "의"라는 정신적 가치(도덕적 이상)를 세워나가야 한다. 로마서에도 보면 하나님의 나라는 먹고 마시는 것이 아니요 성령 안에서 의와 평강과 희락이라고 말씀하셨다(14:17). 정신적으로 부유한 나라가 되어야 한다. 창조의 전 영역에 책임 있는 사회정신이 수립되도록 계획하고 설계하고 교육하고 실천해야 한다. 불의, 부정, 부패는 곧 멸망이라는 우주의 도덕적 원리에 익숙해져야 한다. 사회적 약자를 대하는 태도를 고쳐야 한다. 수단 방법을 가리지 않고 불의한 이익(잠 1:19)을 탐하는 관습을 제어하는 것이 이 사회 정신의 목표이다. 우리는 지구촌 곳곳의 빈곤국들에도 관심을 가져야 한다. 그들이 진정으로 빈곤에서 탈출할 수 있도록 적극적으로 창의를 발휘하여 그들을 도와야 한다. 그것이 문화의 나라요 선진국이다. 우리는 돈만 잘 버는 나라가 되려고 하지 말고 정신적 수위가 높은 나라가 되도록 열과 성을 쏟아야 한다.

문제는 보다 근원적인 것이겠지만 적어도 주위에서 보좌한 엘리트들이 책임 있는 사회정신으로 훈련된 리더들이었다면 사태가 이 지경까지 오지는 않았으리라. 이렇게 적나라하게 부끄러운 후진성이 드러났으니 (여러 가지 문제 중에) 뿌리 깊은 정경유착 하나라도 제도적으로 문화적으로 청산할 수 있는 기회가 되었으면 간절히 바라게 된다. 또다시 시간이 지나며 유야무야 잊어버리고 같은 어리석은 탐욕적 망국 행태가 되풀이되어서는 안 될 것이 아닌가.

"의"의 세상은 단순한 이념성 이상이 아니다. 사회의 운명과 미래를 결정짓는 절체절명의 선택임을 성경이 거듭 강조하고 있다. 특히 기독교인들이 하나님 나라의 관점에서 특단의 각오를 가지고 임해야 할 미래 천년을 위한 소명이다. 어떤 청년이 이런 말을 했다. 부모님의 세대는 우리나라를 위해 산업화와 민주화를 이루었는데, 자신들의 세대는 남북통일과 선진화가 과제가 아니겠냐는 것이다. 작금의 사태는 실망만 할 것이 아니고 우리 사회의 고질적 환부를 제대로 들어내고 나라를 완전히 새롭게 세우는 기초로 삼을 수 있는 것이 아니겠냐는 것이다. 참으로 희망찬 고마운 말이라 생각된다. 성경이 그러하다. 성경은 가장 어려운 때에 오히려 희망을 볼 수 있다고 말한다. 참으로 쓰디쓴 곤경으로 낙심할 수밖에 없는 상황이라 하더라도 "돌이켜 생각하니"(애 3:21의 원문) 그것은 오히려 희망인 것이다. 성경적 역설인데 항상 곤경은 하나님의 인자와 긍휼과 성실하심을 보게 하는 은총의 기회이다(애 3:19-23).

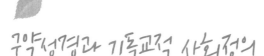

구약성경과 기독교적 사회정의

구약에는 "의"로 번역되는 '체덱'이 (명사, 동사 다 포함하여) 523회, "공의"로 번역되는 '미쉬파트'가 422회 나온다. 하나님의 성품과 활동을 나타내는 가장 중요한 단어들인데 두 단어는 함께 쓰여 하나님의 의 또는 정의라는 뜻이 된다. 물과 공기가 소중하지만 너무 흔해서 고마움을 못 느끼듯이 이 단어들은 성경에서 가장 중요한 단어들인데도 너무 흔하게 나오는 관계로 오히려 적절한 주목을 받지 못한 채 등한시되어 왔다. 이 단어들의 빈도가 말하는 것처럼 구약 전체는 "바른" 세상, "바른" 나라를 구현하고자 하는 꿈으로 가득하다. 하나님은 자신의 백성이 이 땅에서 "의"가 실현되는 나라를 만들기를 원하시고, 그로 인해 "산 위의 동네"로서 주변과 주변 국가에 본이 되며 복을 끼치는 샘이 될 것을 소원하신다. 우리 그리스도인들의 신앙도 기본적인 초점이야 두 말 할 나위 없이 개인 영혼의 구원과 성장에 맞춰져야 하지만, 거기에만 머무르는 것이 아니라 응당 '바른 사회' 그리고 '더불어 사는 사람들에 대해 책임질 줄 아는 세상'을 실현하는 데까지 관심의 폭이 넓혀져야 하는 것은 더 말할 필요가 없다. "의"의 실천이란 새삼스러운 것이 아니라 원래부터 복음의 본질에 속한 내용이다. 아모스나 미가 등이 말하는 '선민의 창조적 책임'이 그것이고, 월터스토프가 표현한 "세계 형성적 기독교"라는 것이 바로 그것이다.

개혁신학의 특징을 일컬어 "공적 신학"(public theology)이라 한다. 그리스도인의 신앙은 "개인적인"(personal) 것이기는 하지만 "사적인"(private) 영역에 갇히거나 거기에 머무를 수는 없다는 말이다. 즉 그리스도인은 "공적인"(public) 책임을 져야 되고 또한 질 줄 알아야 한다는 의미이다. 자신이 사는 지역 사회로부터 시작하여, 국가, 지구촌에 이르기까지 사회적인 책임을, 그리고 지구의 미래와 환경에 이르기까지 역사적인 책임을 지는 것을 말한다. '코람데오'(coram Deo, "하나님 앞에")라든지 그리스도인의 문화소명(cultural mandate)이라는 말이 모두 이를 가리키는 것이다. 나나 내 가족의 안위만 아니라 우리가 살아가는 사회의 가치와 정신에 대해 각별한 관심을 기울이는 것이 개혁신앙이다. 예수님께서 우리의 존재 방식을 세상의 소금과 빛으로 규정하셨기 때문에 삶의 태도(modus vivendi)로서 사회적 책임은 우리에게 불가피한 것이다. 그런고로 그리스도인의 신앙은 어떻게 하면 복을 받을까 어떻게 하면 화를 피할까 하는 토속신앙적 관심에만 머물러선 안 되겠고, 하나님의 관심에 우리 관심을 조율하여 어떻게 하면 하나님의 통치가 드러나는 바른 세상을 건설할까 하는 데에 의미와 지향이 맞춰져야 한다.

공간이 충분하지 않으니 성경 본문은 아모스 한 경우만 예를 드는 것으로 만족해야 하겠다. 아모스 1-2장을 보면 먼저 이방의 잔학상(atrocity)을 말하고 그에 대한 심판을 선포하신 다음에 결국 유다와 이스라엘에게까지 심판을 선포하시는 내용이 나온다. 유다와 이스라엘의 잘못이 무엇이었기에 그들도 동일한 심판의 대상이 되는가. 다메섹이나 가사, 두로 등과 같이 잔혹하게 사람을 죽이거나 마을을 통째로 노예로 잡아 팔아넘기거나 반인륜적인 극악 범죄를 저지르거나 한 엄청난 것이 아니었다. 다만 하나님과 맺은 언약을 무시했을 뿐이다. 율법을 제대로 지키지 않은 것뿐이었다. 우상숭배를 했고, 사회의 약자를 억압하고 억울하게 하여 '사회정의'를 실현하지 못한 것이었다. 다시 말하면 "산 위의 동네"가 되어 주변국의 본이 되지 못한 게 유다와 이스라엘의 죄이다. 그들이 하나님과의 언약에 충실하여 율법이 가르치는 삶을 살았다면 그것이 주위에 '문화적 능력'으로 작용하여 인접한 주변 세상이 그렇게 포악하고 비인간화한 세상이 되지 않았을 것이었다. 이것이 하나님의 백성의 삶이 중요한 이유이다. 아모스서는 그리스도인의 작은 순종이 세상의 부패와 불행과 비극과 슬픔을 막을 수 있는 유일한 힘이요 엄청난 잠재력

임을 엄중하고 또 엄중하게 교훈하고 있다. 의를 행하는 "한 사람"만 있어도 도시는 용서받을 것이라는 예레미야의 말씀 또한 얼마나 의미심장한가(5:1). 우리 한 사람 한 사람은 극히 보잘것 없는 필부필부일 뿐이며, 우리가 드리는 기도 역시 지극히 사소하고 하잘것없는 일상의 문제들을 아뢰는 것에 지나지 않는다. 우리 연약한 개인은 역사와 하나님 나라에 아무 보탬도 될 것 같지 않다. 하지만 성경은 기도하는 백성이 꾸는 꿈과 지향하는 가치가 세상을 뒤집어 놓을 수 있다는 중요한 사실을 가르쳐 준다. 비록 삶의 무게에 눌려 정신이 혼미해질 정도로 곤비한 삶이 매일 이어지는 가운데 있다하더라도 우리는 우리 자신이 "복의 근원"이며 역사 변혁의 중심에 선 존재라는 사실을 한시도 망각해선 안 된다. 오히려 곤경에 처해 있고 연약하기에 우리는 그 사명을 감당할 수 있는 자격자들이다. 힘겨운 시간에 하나님께 우리 자신을 드리고(commit) 말씀에 순종할(obey) 수 있어야 한다. 그것이 미래를 여는 길이며, 그러기에 우리는 그리스도인이다.

선지자들의 설교 주제의 거의 정확히 반은 사회정의이다. 물론 나머지 반은 우상숭배에 관한 것이다. 하나님은 우리가 하나님께 대해 갖는 종교적 충성심만큼이나 우리의 더불어 사는 사람들을 향한 태도에 관심을 가지신다. 구약을 공부하노라면 하나님이 가지시는 이 관심의 중요성으로부터 도저히 마음을 뗄 수가 없다. 우리가 구현해야 할 '사회정의'를 두 가지 차원으로 나눠 생각하자. 하나는 말 그대로 불의가 제거된 사회라는 의미이다. 정직과 성실이 기본 가치가 되도록 '사회정신'을 세우는 일을 말한다. 무엇이 잘못된 것인지 전혀 깨닫지 못하고 권력과 재화의 노예가 되어 바로 앞의 이익에만 눈이 어두워 불의한 일을 거듭 자행하면서 세상 전체를 불행하게 만들어 가는 몰락의 폭주기관차와 같은 것이 선지자들이 경험한 인간의 역사라는 악몽이었다. 우리 역사도 다를 바 없다. 우리 사회의 부패의 민낯을 극장식으로 학습시켜준 빼어난 학교 기능을 한 이번 사태를 지나오면서 한꺼번에 다 고칠 수야 있겠는가, 부디 문화가 되어버린 정경유착 하나만이라도 끊어낼 수 있으면 더 이상은 바랄 것도 없다는 간곡한 심정이다. 정직, 성실, 청렴이란 소프트파워 없이 선진국이 도대체 꿈이라도 가능한 것이겠는가. 건국은 되었지만 정신적 '설계'는 한 번도 된 적이 없는 나라, 항상 재화와 경제에만 열심을 냈지 사회의 '정신'을 세우는 일에는 한 번도 제대로 힘을 써 본 적이 없는 나라, "의"의 가치를 세우는 기회는 과연 언제 포착될 수 있을까. 바로 사는 데에 하나님의 복이 있다는 고통스러울 만큼 단순한 이 사실 하나를 신봉하고 거짓과 불의를 우리 문화에서 최대한 몰아내는 것이 사회정의이다.

'사회정의'의 두 번째 차원은 더불어 사는 사람들을 불쌍히 여기는 마음이다. 구약의 정의('미쉬파트')는 단순히 "옳음"만을 의미하는 단어가 아니다. 하나님이 인간을 불쌍히 여기는 마음,

즉 동정심(compassion)의 다른 표현이다. 니버(R. Niebuhr)가 구약의 정의(justice)를 "가난한(약한) 자들에게 호의를 베푸는 편의(偏倚)(a bias in favor of the poor)"라고 정의한 것은 유명하다. 구약에서 정의는 그저 공평한 것을 의미한 관념이 아니었고, 언제나 약한 자, 고아, 과부를 향한 자비를 의미했다. 우리에게 있어 사회정의가 제대로 자리를 잡으려면 약한 이를 불쌍히 여기는 마음을 훈련하는 것이 먼저요 기본이다. 복음은 하나님이 사람을 불쌍히 여기신 것이다. 구약의 하나님은 사람을 불쌍히 여기시는 하나님이시다(출 34:6 등). 하나님의 이 사랑, 이 인격을 모르면 구원은 반밖에 이해하지 못한 것이다. 인색하고 나밖에 모르고 살아온 우리에게 우리 주위의 약한 사람을 대하는 태도가 잘 계발되게 하는 것이 사회정의의 출발이다. 또한 이 사랑은 지구촌 끝까지 나아가는 것이어야 한다.

사회정의란 그동안 보수교회에게는 여러 이유로 불편한 말이었다. 그러나 어느 진영이 먼저 이 주제를 점거했든지 이에 대해 손 놓고 있는 일은 '전체성경'(tota Scriptura)을 고백하는 개혁교회의 자존심으로서는 용납할 수 없는 일이다. 사회의 '정신'을 설계하는 것은 미래를 위한 가장 시급한 선택이다. 바르게 사는 길에 하나님의 복이 있다. "의"의 세상은 단순한 이념적 이상이 아니다. 사회의 운명과 우리 자녀들의 미래를 결정짓는 절체절명의 선택이다.

요엘서의 회개

요엘서 2:12-17은 이스라엘의 회개를 촉구하는 내용인데 요엘서의 중심이라 할 수 있다. 2:12에 히브리어 "너움 아도나이"라는 말이 쓰여서("하나님의 말씀에"로 번역된 부분) 하나님의 말씀임이 특별히 강조되고 있다. 여기서 하나님은 자신을 언약의 하나님이요 용서하시는 하나님으로 계시하시면서(13절) 이스라엘에게 자신을 향해 돌이키라고 말씀하신다. "마음을 찢고" 돌이키고 "마음을 다하여" 돌이키라고 하신다(12절).

하나님께 돌이키는 것은 무엇을 의미하는 것일까. 요엘서의 특이한 점은 다른 선지서들은 구체적인 죄를 지적하며 회개를 요청하는데 요엘서는 죄에 대해서는 구체적으로 언급하지 않은 채 다만 회개만을 요청한다는 점이다. 어느 한두 가지 드러나는 죄가 아니라, 이스라엘 생활 전반을 오염시킨, 하나님을 떠난 근원적인 죄가 문제라는 의미가 있는 것으로 보인다. 인간은 하나님을 대적하며 하나님과 싸우고 미워하는 존재이다. 자신의 내

부에 자신을 구원할 능력을 가지고 있지 못하다. 그래서 밖에서 만들어진 구원의 수단에 의지해야 하는데 그것이 바로 복음이다. 은혜로우시고 자비로우신 언약의 하나님은 그리스도 안에서 구속을 완성하셨다. 하나님께 돌이키는 것은 나 자신의 구제불능성을 알고 죄사함과 구원을 주시는 그리스도께 매달리는 것이다.

하나님께 돌이키는 것은 마음과 생활의 변화도 의미한다. 한마디로 "복음적 생활"이 되어야 한다. 복음적 생활이란 "회개하여 죄사함 받고 자유롭게 (하나님께) 순종하는 생활"이라고 정의할 수 있다(여기서 "자유롭게"라는 말은 "구원의 은혜를 알고 자원하는 마음으로"라는 뜻임). 가망 없이 부패한 죄인이 자신의 죄를 사함 받은 은혜에 감사하여 순종의 전투를 펼쳐나가는 생활이다. 문제는 우선순위다. 교회는 교중의 요구(*vox populi*)에 따라 소위 "문제 해결"에 지나치게 관심을 쏟아 왔다. 복음적 생활이 일차적인 위치를 차지하지 못한다. 복음적 생활이 문제 해결 또는 복 받는 일 등에 대해 이차적인 한 신자의 마음가짐과 삶에 변화는 오지 않는다. 이차적인 가치는 사실상 가치가 아니기 때문이다. 복음적 생활이 일차적 가치가 되고 교회의 신앙적 관심의 중심에 확고히 자리 잡을 때 비로소 작은 변화들이 가능하다. 화를 잘 내는 사람이 인내하는 여유를 조금씩 터득하게 되고, 사소한 삶의 상황들에 항상 휘둘리는 사람이 그것들을 조금씩 (전도서적으로 말하면) "헛된" 것으로 파악하여 상대화 할 수 있게 되고, 자신밖으로 생각을 넓힐 줄 모르는 사람이 더불어 사는 요령을 조금씩 익혀나가게 된다. 하나님께 돌이킨다는 것은 교회가 "문제 해결"이나 "복"이 아닌 복음적 생활을 중심 가치로 확고히 정립하고 그 생활을 진지하고 치열하게 실천해나가는 것이다. 요엘서 2:12-17은 복음의 제시이며 복음적 생활에로의 회개 촉구라고 여겨진다.

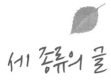

세 종류의 글

적은 양이나마 글을 쓰다 보니 학술적인 논문이나 서적에는 세 가지 종류의 글이 있을 것이라 생각이 든다. 과학적으로 정밀한 구분이라기보다는 단지 게으른 습관을 타개하고 보다 나은 글을 만들기 위해 생각해 낸 다소 편의적인 구분일 뿐이다. 모방하는 글(work of imitation), 독창적인 글(work of original thinking), 영향을 미치는 글(work of seminal thinking) 등 셋을 생각해 볼 수 있다.

학자의 길은 우선 모방이라고 생각이 든다. 모방이 없이는 학문이 출발할 수 없다. 선진들이 쌓아 놓은 학문적 업적을 충분히 그리고 많이 습득하는 것이 학자의 책무요 학문의 출발이다. 특히 신학은 기독교가 오랫동안 전통으로 자리 잡은 나라에 유학을 한 후에 국내에 들어와 교수 사역을 하는 것이 보통이다. 미국이나 유럽 등지의 신학교에 유학하여 신학을 수업하면서 학자는 그곳 학자들의 학문을 배우게 된다. 이미 되어진 것을 충실히 학습하는 것은 매우 중요하고 그것 자체가 귀한 것이며 전통을 지

켜가는 일이다. 게을러서 공부가 부족할까 염려될 뿐 잘 배워서
제대로 가르쳐야 하는 이 일의 가치는 아무리 강조해도 지나침
이 있을 수 없을 것이다.

두 번째는 독창성의 단계이다. 이미 있는 것을 충실히 학습하
는 것도 결코 쉬운 일은 아니다. 혼신의 힘을 다해야 하는 일이며
그것 자체로 매우 중요하고 가치 있는 일이다. 그러나 할 수 있다
면 자신의 분야에서 새 길을 열려고 해야 한다. 새 길을 여는 것
은 학문은 이미 완성되어 있는 무엇처럼 생각하기 쉽지만 사실
은 학문의 대상은(성경 텍스트, 또는 신학자들의 역사적 저작물 따위)
언제나 아직 규명되지 않은 것들이 많은 채로 우리 앞에 있기 때
문에 이에 대해 참신한 탐구를 지속해 나가는 것을 말한다. 학문
은 새 길에 대해 고민함으로써 그 자체 살아 있는 것이다. 학문에
있어 새 길에 대한 탐구는 그 노력을 멈출 수 있는 성격의 것이
아니다. 특히 신학은 현장에 직접적으로 적용되는 학문이다. 신
학자에게 현장에 대한 "동정"(sympathy)의 훈련이 구비되지 않
으면 그의 학업이나 가르침은 교회의 삶에 실제적으로 공명하지
않는 공허한 이론이 될 수밖에 없다. 외국에서 신학 공부를 해 올
때 그것에는 한국 교회의 약점이나 아픔에 대한 처방은 담겨 있
지 않은 경우도 종종 있을 수 있다. 특수한 현장에 대한 진단과
처방은 신학자의 몫이다. 신학의 본질적 내용은 달라지지 않
지만 현대를 살아가는 구체적 교중이 수납할 수 있게 "설교"해 주

는 것은 분명 신학자의 책무이다. 이처럼 장(場)은 신학자의 독창성을 자극한다. 아픔과 약점에 대한 고민을 통하여 신학자는 새 길을 열어가게 된다. 자신의 교회에 대한 고민을 통하여 말씀의 진리를 새롭게 깨달은 내용들은 아마도 세계 교회 모두를 위해서도 새로운 "설교"가 될 것이다.

세 번째는 널리 영향을 미치는 글에 대해 생각해볼 수 있다. 박윤선 목사님을 떠 올리면 그분은 언제나 "세미널"한(seminal) 사표라고 생각된다. 박 목사님은 개혁신학을 한국교회에 대표적으로 전수한 학자이시기도 하지만, 그분의 경건과 학문은 직접 교육을 받은 분들뿐 아니라 그 내용을 간접적으로 전해 듣는 이들에게도 지속적으로 심대한 영향을 끼친다. 한 학자의 학문이 자신이나 자신의 세대에만 머무르지 않고 다음 세대에까지 영향을 미친 예가 되므로 이러한 것은 단순한 독창성을 넘어서 하나의 패러다임으로 자리 잡는 학문이라 할 수 있다. 학자로서 꼭 세미널한 학자가 되어야만 하겠다고 한다면 분수에 지나친 욕심이 될 수도 있다.

그러나 받은 것을 최대로 남기는 겸손한 중심으로(마 25장) 집중을 잃지 않고 끊임없이 자신을 연마하여 독창적인 작업을 해낸다면 그리고 그것의 자연스런 결과로서 여러 분에게 좋은 영향을 끼친다면 그것은 좋은 일이고 좋은 꿈인 것이다.

신학을 한다는 것은 한편으로는 학습이요 다른 한편으로는

"고난"의 훈련이다(아마도 다른 인문학보다 신학은 특히 그러하다 할 것이다). 성실하게 공부하지 않고야 무슨 자료로 신학을 할 것인 가. 그러나 신학자는 공부만 해서 자신의 책임을 다할 수 없다. "동정"(sympathy)을 체득하기 위하여 고난의 학교를 통과해야 한다. 어떤 주석가는 설교자요 신학자들이었던 선지자들의 특징 을 "고난에의 연대"(solidarity of suffering)라 불렀다(P. C. Craigie). 박윤선 목사님은 신학정론 창간호의 권두언에서 "옳은 신학은 고난의 길을 가는 자들이 깨닫는 신학"이라고 하고 "그 신학의 올바른 교훈도 고난의 결정체"라고 하셨다. 다 무슨 말인가. 신 학은 현장을 위한 학문이고 현장을 위한 학문이 되려면 동정(또 는 공감; sympathy)의 훈련이 되어야 하는데 이 동정의 훈련은 고 난을 통해서만 가능하다는 것이리라. 오늘날 우리 보수교회가 신학교에서 개혁신학을 정교하게 가르치고 있는데 교회 현장이 그것을 자신의 것으로 내재화하지 못하고 삶의 실천은 엄두도 못 내고 있다면 그것처럼 안타깝고 그것처럼 낭비라고 해야 할 일은 없을 것이다. 집중을 잃지 말고 끊임없이 배우고 주시는 고 난의 훈련을 기쁨으로 수용하면서 독창적이고 영향 있는 작업을 이뤄내는 좋은 꿈을 꿔보자.

글쓰기

어떤 젊은 음악인이 기자가 "자신의 음악 작업에 대해 어떻게 생각하나?"라고 묻는 질문에 대해 "엄청 좋고, 엄청 싫다!"라고 대답하는 것을 들은 적이 있다. 이름을 꽤 날리고 천재라고 불리는 음악가인데도 자신의 작업이 힘겨운 과정임을 여실히 보여주는 인터뷰였다. 나에게 글도 그러한 것 같다. 좋은 생각을 다듬어 글을 만들어 그 생각을 독자와 나누는 것처럼 학자로서 보람된 일은 없다. 글이 다 되었을 때의 창작의 기쁨 또한 여간 큰 게 아니다. 그러나 정작 글을 만드는 과정이란 얼마나 고통스러운 것인지 모른다. 생각이 정리가 잘 안 될 때는 더욱 그렇고 이미 정리된 생각이 있을 때에도 그것을 "아름다운 말"로(전 12:10) 알아듣기 쉽고 맛깔 나는 좋은 말로 만들어 내는 것은 얼마나 많은 수고가 들어가는 일인지 모른다. 만족스런 글이 되기까지 너무도 시간이 많이 소요되고 고통스러워서 이런 일이 없는 직업은 얼마나 좋을까 하는 생각을 종종 했을 정도이다.

18년 합신에서 교수 생활을 하면서 정말 열심히 했다 싶은 건 글쓰기 하나이다. 정말 성실했는지는 의문이지만 "성실했다"고 느껴지는 것 하나가 글쓰기이다. 아마 너무 죽도록 힘들었기 때문에 오는 착각인지도 모르겠는데 그 일 하나에만은 이상하게 하나님 앞에 최선을 다한 것처럼 느껴진다. 그 이상 뭘 더 할 수 있나 싶기 때문인지도 모른다. 기도하는 일, 공부하는 일, 강의하고 강의 준비하는 일, 학생들을 관심을 가지고 보살피는 일, 이 모든 것들에 나는 떳떳하지 못하다. 좀 더 성실해야 했는데 게을러 항상 나 자신을 자책하며 살았다. 그런데 글쓰기는 늘상 한계에 부딪히면서 무한정 허덕댄 일이어서 그런지 그냥 최선을, 성실을 다한 것처럼 생각되고 느껴진다. 매학기 신학정론에 논문을 내고, 여러 잡지, 신문, 소식지에 칼럼, 수상을 쓰고, 논문들을 차곡차곡 모아 책을 내는 등 교수의 생활은 글쓰기 생활 그 자체였다. 특히 신학정론에는 매학기 논문을 내고자 하였다. 글을 내고 있어야 학자로서 살아 있는 것이라 생각했다. 글을 내야 공부를 계속하는 것이고 공부를 계속해야 성경 본문을 보는 민감성을 잃지 않을 것이라 생각했다. 하지만 글쓰기처럼 어려운 일은 없었다. 마음은 급한데 진도는 나가지 않았다. 초벌로 쓴 것이 자연스럽게 이어지고 흘러가는 글이 되는 경우는 거의 없었다. 글이 될 때까지 고치는 일은 무한정의 시간이 소요되었다. 울고 싶을 정도로 국어와 싸웠다. 매학기 이번 학기는 글을 못 낼 것 같다는 생각을 했다.

헤밍웨이는 『무기여 잘있거라』의 마지막 장면을 탈고하면서 39번을 고쳐 썼다 한다. 대단한 일로 회자되는데 그러나 나에겐 이것이 그리 특별한 일로 여겨지지 않는다. 나도 글을 쓰면서(특히 논문이나 주석의 경우 그러하다) 한 문단을 20번 이상 고친 적이 허다하다. 어떤 문단은 마무리하는 데 몇 주, 아니 몇 달을 소요한 적도 있다. 명작의 마지막 장면이 39번의 가필과 교정을 받아 세상에 빛을 보게 된 것은 마땅히 받아야 할 대우를 받은 것 이상 아무것도 아니지 않은가 한다. 한 번은 기자가 헤밍웨이에게 "선생님, 글을 잘 쓰는 비결을 알려 주십시오"라고 청했다. 이에 헤밍웨이는 "글을 잘 쓰는 비결은 따로 없고, 타자기 앞에 앉아서 피를 철철 흘릴 뿐이다"라고 대답했다 한다. 좋은 글을 써서 독자와 좋은 생각을 나누는 것은 얼마나 소중하고 기쁜 일인가. 그러나 그에 따른 창작은 더 할 수 없는 고통이 수반되는 과정이다. 학술적으로 가치 있는 새로운 문헌학적 발견을 하거나, 아직 제대로 알려지지 않은 새로운 주경적 통찰을 얻거나, 특정 성경 본문에 대해 신선한 적용점을 발견하거나 하면 주경학자는 그것을 독자들과 나누고자 하는 신성한 열망에 사로잡히게 된다. 그것을 아름다움의 옷을 입혀 글이라는 '예술'로 만들어 내는 것은 학자만이 지닌 성스러운 특권이며 의무다. 그래서 학자는 기꺼이 고통스런 창작의 과정에 자신의 몸을 담그게 된다.

주문 받은 글을 제 시간에 낸 적이 거의 없다. 미루고 미루다 마감일 코앞에서야 분주를 떨고 그러면 급기야 거의 마감일을 넘기곤 한다. 글을 보내는 나의 메일 메시지는 항상 "너무 늦어져서 죄송합니다"로 시작한다. 이상하게 글은 닥쳐야 쓰게 된다. 괴로움을 피하고 싶어 미루고 미뤄서이다. "가장 큰 영감의 원천은 데드라인"이란 말이 있다. 미루고 미루다 데드라인 코앞에 오면 글 쓰는 사람의 쫓기는 마음은 기적적으로 창작 지성을 발동시키는 것 같다.

글쓰기는 가장 고통스러운 일이었기에 보람도 가장 크게 느껴지는지 모른다. 힘을 다해 진을 뺐기에 후회도 없다. 적어도 후회 없는 생을 살려면 글쓰기를 계속해야 할 것 같다. 다른 일은 성실히 할 자신이 없지만(게으른 자신을 잘 알기에) 글쓰기만은 그냥 두어도 후회는 없을 것 같다. "엄청 싫은" 일이지만 글쓰기는 계속해야 하겠다. "엄청 좋으니" 또한 어쩌겠는가.

신학
수상

강의실을 은퇴하는
구약학 교수의
강의실 밖의 생각들

4
시편과 지혜서

시편 기도의 이해

시편은 다 아는 것 같지만 정작 어디에 무슨 내용이 있는지 왜 같은 내용이 거듭 반복되는지 등 잘 이해하기 어려운 점이 많은 것이 사실이다. 특히 설교자에게는 전체 시편을 어떻게 취급해야 할 것인가 하는 것이 큰 숙제로 떠오르게 된다. 언뜻 보기에 시편은 매우 복잡한 컬렉션이지만 장르에 따른 분류를 알게 되면 취급하기가 한결 용이해진다. 여러 부차적인 장르는 차치하고 대표적인 장르만 말하라 한다면 시편은 크게 탄식시, 감사시, 찬양시로 이루어진다. 이것들에 대해 알아보자.

탄식시(Lament)란 자신의 곤경을 하나님께 아뢰며 그것의 해결을 간구하는 것을 말한다. 우리 신자가 어려움을 만날 때 하나님께 부르짖어 기도하는 것이 시편의 장르로 말하면 탄식시에 해당한다. 교회 집회에 함께 모여(철야기도, 새벽기도 등) 울며 부르짖어 기도하는 것도 탄식시(탄식기도)이다. 가장 우리에게 흔한 기도의 장르가 바로 이 고난의 문제를 가지고 기도하는 탄식시라 하겠다. 말은 탄식시이지만 탄식시에는 반드시 간구의 내용이 들어가기 때문에 간구시(Petition)라고도 불린다. 탄식시에는 가장 중요한 요소로서 자신의 괴로움을 토로하는 '불평(탄식)'과 그 어려움을 해결해 달라고 구하는 '간구'가 반드시 들어 있다. 여기다 하나님에 대한 '신뢰의 고백'과 응답 주실 줄 믿고 드리는 '찬양'도 거의 빠지지 않는 요소이다.

탄식시는 다시 개인 탄식시와 백성의 탄식시로 나눠지는데 개인 탄식시는 기자 자신의 개인적인 곤경을 주제로 기도한 것을 말하며, 백성의 탄식시는 이스라엘 나라 전체에 닥친 어려움을 가지고 하나님께 기도한 것을 말하는데 기도 주체가 다른 것 말고는 대체적인 내용은 대동소이하다. 개인 탄식시로는 3, 5-7, 13, 17, 22, 25-28, 31, 35-36, 38-40, 42-43, 51, 54-57, 59, 61, 64, 69-71, 86, 88, 102, 108-109, 120-130, 139-143편 등이고, 백성의 탄식시로는 12, 44, 58, 60, 74, 79-80, 83, 85, 90,126편 등이다. 시편의 장르 전체를 볼 때 개인 탄식시의 수가 제일 많다. 성도들이 개인적으로 건강이나 사업상, 가정상의 문제가 있을 때, 어떤 이유로 남들에게 억울한 오해나 모함을 받을 때, 그리고 깊은 회개가 필요할 때 개인 탄식시를 모본으로 삼아 기도하는 것이 유익할 것이다. 기도의 내용과 방향, 깊이에 있어 많은 도움을 받을 수 있다. 물론 국가적으로 함께 기도해야 할 문제가 있을 때는 백성의 탄식시가 유용할 것이다.

감사시(Thanksgiving)는 구원받은 사실을 선포하며 찬양하기 때문에 "선언 찬양"(Declarative praise)이라고도 부른다. 논리적으로 말하면 탄식시에서 올린 간구 기도가 응답되었을 때 이 응답의 사실을 선포하면서 감사드린 것이 감사시이다. 기본적으로 하나님의 이름을 높여드리기 때문에 찬양(praise)입니다. 탄식시처럼 감사시도 개인 감사시와 백성의 감사시로 나눠지는데, 전자는 시인 개인이 어떤 곤경에서 구원받았을 때 이것에 대해 감사한 것이고 후자는 이스라엘 전체가 구원 경험을 가진 후 이것에 대해 감사한 것이다. 개인 감사시는 18, 23, 30, 32, 34, 40, 52, 66, 92, 107, 116, 138, 139, 146편 등이다. 시편 밖에서는 욘 2:2-9, 애 3:52-58, 욥 33:26-28 등이 개인 감사시에 속한다(시편의 장르들은 단순히 시편 기자들만의 지식이 아니었고 구약 성경 기자 전체의 문학 자원이었음). 백성의 감사시는 수가 얼마 되지 않는데 65, 75, 107, 124, 129편 등이다. 시편 밖에서는 출 15:21, 사 26:13-19 등이 백성의 감사시이다.

감사시는 이해하기 쉽게 말한다면 하나의 간증이다. 어떤 곤경에 처해 있었는데(곤경의 구체적인 내용은 알려지지 않음) 기도하니 하나님께서 그 곤경에서 건져주셨다는 것이 감사시의 골자이다. 감사시의 특징적인 요소로는 '곤경의 회고'와 '구원의 보고'를 들 수 있다. '곤경의 회고'(Looking back at the time of need)는 실제 도움이 필요했던 어려웠던 상황에 대한 회고이다. '구원의 보고'(Report of deliverance)는 "내가 부르짖었다"(I cried), "하나님이 들으셨다"(He heard), "하나님이 건져주셨다"(He drew me out)는 내용인데 기도하여 구원받은 경험을 구체적으로 간증한 것이다. 하나님 경험의 진수라 할 수 있다. 이 두 요소 후 하나님을 찬양하고 한 시편을 맺는다.

감사시도 탄식시와 마찬가지로 신자가 어떤 어려움을 만났을 때 모범을 삼아 기도할 수 있는 좋은 시편들이다. 탄식시처럼 신자의 어려운 상황에 대해 말해주기 때문이고, 무엇보다 기도를 통한 구원의 길을 보여주기 때문이다. 감사시는 어떠한 곤경에 처하더라도 하나님께 기도하는 길이 남아있다는 것을 우리에게 일깨워 준다. 더불어, 부르짖으면 하나님이 즉각 들으시고 구원해 주신다는 사실을 명료히 가르쳐 준다. 낙심하지 말고 하나님을 향해 얼른 말문을 여는 일이 우리 신자에게는 항상 중요하다 하겠다. 마지막으로 감사시는 구원을 주신 하나님을 일평생 부르고 찬양하며 사는 것이 신자의 지속적인 행복인 점도 가르쳐 주고 있다(참고: 시 30:13).

찬양시는 하나님의 성품과 하시는 일에 대해 묘사하기 때문에 "묘사 찬양"(Descriptive Praise)이라고도 불린다. 감사시가 하나님의 도움으로 구원받은 사실을 선포(선언)하기 때문에 "선언 찬양"(Declarative Praise)이라고 불리는 것과 대조된다. 시편 8, 19, 29, 33, 95-100, 104-105, 111, 113-114, 117, 135-136,

145-150 등이 찬양시이다. 시편 밖에서는 느 9:6-31, 삼상 2:1-10, 나 1:2-11 등이 찬양시에 해당한다.

찬양시는 구조가 간단한데 "찬양하라" "노래하라" 등의 명령으로 되어 있는 '찬양에의 부름'(imperative call to praise)과 실제 찬양의 내용인 '찬양'(praise)이 주 요소로 되어 있다. 맨 마지막에 다시 한번 찬양하라는 권면을 하고 마치는 수가 많다. 찬양의 본론에 해당하는 '찬양'은 하나님의 위대하심(greatness, majesty)을 찬양하는 것과 하나님의 선하심(goodness, grace)을 찬양하는 것 두 가지로 이루어진다. 시편 136편을 예로 들어 보자. 1-3절은 '찬양에의 부름'이다. 2인칭 복수 명령으로 되어 있어서 회중들을 향하여 하나님께 감사(찬양)하라고 권하는 것이다. 4-25절이 '찬양'으로서 찬양 본론이다. 4-22절은 하나님의 위대하심을 찬양한 것인데 천지와 만물을 창조하시고 위대한 구속 역사를 이루신 것에 대한 묘사이다. 23-25절은 하나님의 선하심에 대해 찬양한 것으로서 어려움에 처한 자기 백성을 구해주시고 모든 육체에 식물을 공급해 주시는 하나님에 대한 서술이다. 26절은 찬양할 것을 다시 한번 다짐시키면서 끝을 맺는 것이다.

찬양은 간구나 청원과 달리 기도자 자신의 말을 멈추고 오직 하나님과 하나님이 하시는 일에 집중하는 기도이다. 그 분의 은혜로 우리가 이 땅에서 생명을 유지하고 좋은 것들을 누린다. 그 분의 은혜로 구속함 받아 그의 백성이 되었다. 그 분의 은혜로 어떠한 곤경이라도 이기게 하시고 구원해 주시는 것을 체험할 수 있다. 이 하나님은 마땅히 찬양받으셔야 할 좋으신 분이시다.

정말 좋은 것은 말로 표현할 때 비로소 그 좋아하는 것에 대한 기쁨이 완성된다. 씨 에스 루이스(C. S. Lewis)는 피조된 영혼이 가장 귀한 창조주를 찬양하는 것은 그 분을 아는 기쁨을 완전하게 표현한 것이기 때문에 그 영혼이 최고의 축복을 누리는 것이라고 했다.

찬양하는 것은 나의 말을 산만하게 거듭 던져 올리는 대신 하나님과 그분이 하시는 일을 생각하면서 고요히 그분께 집중하는 것이다. 하나님을 고요히 '쬐는' 시간이라 할 수 있다. 이 시간을 많이 가지는 것이 좋다(시 119:164 참고). 그분에게 있는 치료하는 광선(말 4:2)이 우리 영혼의 어두운 곳을 고치실 것이다. 밝은 빛으로 채워주시며 감사하고 사랑하는 마음을 새롭게 해주실 것이다.

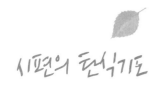

시편의 탄식기도

필자의 조사에 의하면 시편 150편 중 탄식기도(the Laments)는 전체 시편의 46~47%에 해당한다. 탄식기도란 기자가 어려운 상황에 처해 하나님께 눈물을 흘리며 자신이 당한 괴로움을 하소연한 기도를 말한다. 감사기도도 있고 찬양기도도 있고 그 외에도 여러 종류의 기도가 있는 것을 생각하면(예컨대, 신뢰의 기도, 역사시, 제왕시, 지혜시 등) 이것은 현저히 높은 비율이다. 아픔의 눈물이 시편 전체를 촉촉이 적시고 있다고 말할 수 있다.

미국에서 공부할 때 어떤 구약학자가 "미국 교회는 탄식이 죽었다"고 한탄했다는 말을 들은 적이 있다. 미국교회라고 탄식할 일이 없을 리가 있겠는가. 아마 잘 살게 되다 보니까 기도를 점점 잊어버리고 막상 울어야 되는 순간이 왔음에도 울 줄 모르는 교회가 되어 버린 것인지도 모른다. 이에 비하면 한국 교회는 탄식이 살아 있다. 한국교회는 곤경 속에 성장하면서 많이 운 교회다. 아니 처음부터 울면서 신앙을 배웠다고 하는 편이 옳을 것이다. 지금도 한국 교회는 여러 가지의 기도 모임으로 모이면서 어려운 사정들을 아뢰며 "구원"해 주실 것을 눈물로 간구한다. 탄식이 살아 있는 것이 얼마나 다행한 일인가. 교회에 눈물이 마르는 날은 우리의 미래도 희망이 없어지는 날인 줄 알고 모이는 일을 언제나 높이 말하고 모여서 간곡한 눈물의 기도를 드리는 일에 열심이 약해지지 않도록 각별히 노력할 일이다.

그리고 시편의 탄식 기도에는 그 특수한 형태로 회개의 기도가 있다(32, 38, 51편 등). 시편의 기자는 단순히 자기의(자기들의) 괴로움만 탄식한 것이 아니었다. 자신의 죄악에 대해 철저하고 처절하게 성찰했다. 우리의 탄식도 단순히 내 어려움을 하소연하는 데 그치는 것이 아니라 근원적인 문제의 뿌리인 우리 자신의 죄에 대한 회개로 성장해야 한다. 눈물이 자신의 부패를 성찰하는 눈물로 반드시 성장해야 하는 것이다. 시편 기자의 회개 기도를 배우는 일은 십자가 복음의 은혜를 깨닫는 첩경이 되기도 할 것이다.

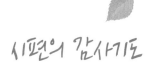

시편의 감사기도

시편의 대표적인 기도에는 탄식기도, 감사기도, 찬양기도가 있다. 이번에는 감사기도에 대해 살펴보자. 감사기도는 시편 기자가 곤경 중에 드린 기도를 하나님이 응답해 주신 것을 간증하는 기도이다. 개인이 드린 감사기도와 백성이 드린 감사기도 두 가지가 있는데, 개인이 드린 감사기도로는 18, 30, 34, 52, 92, 107, 116, 118, 138 편 등이 있고(요나서 2:2-9, 애가 3:52-58, 욥기 33:26-28도 개인감사기도 임), 백성이 드린 감사기도로는 124, 129 편 등이 있다.

감사기도의 본체는 세 가지 요소(내용)로 구성된다: "내가 부르짖었다"; "그가 들으셨다"; "그가 나를 건져 내셨다." 시편 34:6은 한 절에 이 세 요소가 다 들어 있는 경우이다("이 곤고한 자가 부르짖으매 여호와께서 들으시고 그의 모든 환난에서 구원하셨도다"). 감사기도는 신약이 말씀하는 '범사 감사'나 '곤경 중 감사'와는 성격이 다르다. 그것보다는 기도응답의 확신을 주려는 측

면이 강하다.

세 요소는 "와우계속법"이라는 히브리어의 문법장치에 의해 연결된다. 와우계속법은 산문의 기본 틀이 되는 장치로서 시에는 잘 나오지 않는다. 따라서 시에(시편의 기도들은 시임) 이 장치를 쓴 것은 강조를 하거나 특별한 주의를 끌려는 목적이 있다. 와우계속법은 시간적 또는 논리적 연쇄관계를(temporal or logical sequence) 말할 때 쓰는 장치이다. 즉 세 요소는 떼려야 뗄 수 없는 긴밀한 관계로 연결되어 있다는 의미이다. 나의 기도와 하나님의 들으심과 하나님의 건져주심이 끊을 수 없는 고리로 순차적으로 연결되어 있다. 내가 기도하면 하나님이 반드시 들으신다. 들으신 하나님은 반드시 나를 구원하신다. 시에 생소한 문법장치를 통하여 하나님은 성도의 기도에 "필연적으로" 응답하시는 분이심을 시편의 감사기도가 강하게 증거한다.

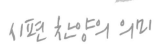

시편 찬양의 의미

시편을 포함한 구약성경에는 대표적인 기도로 탄식과(lament) 찬양이(praise) 나온다. 탄식은 자신이 겪는 곤경을 하나님께 토로하며 그 곤경에서 풀어주시기를 간구하는 것이고, 찬양은 하나님이 하신 크시고 선하신 일을 시인하며 하나님을 높이는 것이다. 한국 교회의 경우 탄식은 잘 발달해 있는 편이다. 초대 교회 때부터 교회에 모여 많은 눈물로 하나님께 사정을 고해 온 것이 교회 신앙 성장의 역사이기 때문이다. 지금도 주일 대예배 외에 수요기도회, 금요기도회, 새벽기도회 등으로 모여 간절한 간구를 올리는 것은 좋은 일이며 앞으로도 약해지지 않도록 각별히 마음을 쓸 일이라 생각한다.

이에 비해 찬양은 제 자리를 찾고 있지 못한 것 같다. 요즘은 경배와 찬양 등 여러 모양으로 예배 전후와 예배 중간에 찬양을 하기는 하지만 그것이 교인들 마음속에 진실하고 간곡한 신앙으로 자리 잡고 있는 것인지는 의심스럽다. 노래는 하되 공허한 노래일 뿐 참된 신앙 고백이 되고 있는가 하는 것이다. 찬양이 어떤 의미를 지닌 것인지 그것을 어떤 신앙으로 불러야 하는 것인지를 시편 찬양을 통해 생각해 보기로 하자.

시편을 살펴볼 때 우선 찬양에는 탄식에 나오는 것과 같은 '불평'과 '간구'가 나오지 않는다. 인간의 실존은 많은 문제로 씨름하면서 하루하루를 살아간다는 것을 감안할 때 찬양은 매우 특이한 기도이다. 그러나 이 기도는 모순과 고통이 가득해 보이는 현실이라 하더라도 궁극적으로 하나님의 인도는 완전한 것이라는 것을 시사한다. 하나님의 크신 경륜 속에 되어지는 일들은 불평할 필요 없이 또한 무엇을 더 간구할 필요 없이 선한 것이라는 고백이기 때문이다. 기도를 "결핍의 언어"라 하지만 그것만으로는 부족한 정의(定義)이다. 찬양을 생각할 때 기도는 "충족의 언어"이기도 하다. 우리는 하나님의 섭리를 믿고 살아야 한다. 우리가 어떤 일을 겪든 하나님은 자신의 성도를 가장 안전하게 보호하는 방향으로 이 우주를 운영하고 계시다. 또한 예수님은 그의 모든 충족하심으로 인간의 필요를 채우시는 분이시다. 예수님이 우리 목자 되시는 한 우리는 조금도 부족함이 없는 것이다(시 23:1). 하나님의 완전한 인도를 믿고 그분을 의지하는 것이 찬양의 의미이다.

시편의 찬양은 하나님의 크신 일로 그분의 창조주 되심과 역사의 주인 되심을 찬양한다. 잠시 동안이라도 들이나 산으로 나가 자연을 느껴 보자. 어느 시인의 말처럼 자연은 늘 완성되어 있는 편안함이 있다. 하나님의 솜씨이기 때문이다. 물소리, 새소리를 듣고 숲의 냄새를 맡고 햇볕을 쬐고 바람결을 느낄 때 그것은 하나님의 손길이기 때문에("그의 손으로 하신 일을 나타내는도다" 시 19:1) 그 모든 것이 찬양의 계제이다. 바로 우리 가까이에 늘 하나님의 임재가 계신 것이다. 또 한 가지 중요한 것은 하나님의 역사의 주인 되심인데 특히 구속사의 주인이시다. 시편 찬양은 출애굽의 역사를 노래하고 또 노래하는데(출애굽에 대한 회상은 시편만 아니라 구약 전체의 습관이기도 하다) 이것은 곧 기독교 신앙 전체의 입장에서 볼 때 우리 주님의 십자가 구속에 대한 찬양을 의미한다. 십자가 구속은 우리 신앙의 대진술로서(grand indicative) 무엇을 구해 받고 말고 이전에 가장 중요하며 가장 기본이 되는 고백이다. 십자가 구속 안에서 인간 실존의 신음이 다 응답되었기 때문이다. 따라서 무엇을 주세요 해결해 주세요 하기 전에 십자가 구속의 은총을 '시인'하는 신앙이 중요하다. 우리는 달라는 기도에만 너무 익숙해 있다. '요구하는 신앙' 이전에 '시인하는 신앙'이 중요하다는 점을 깊이 인식하는 일이 필요하다. 찬양은 이것을 가르쳐준다. 주님의 십자가는 우리를 죄와 사망에서 구원하셔서 천국으로 인도할뿐더러, 지상에서 우리가 구해 받을 것들이 그 안에 다 들어 있다(참고: 롬 8:32). 예수님의 구속의 은총을 시인하고 그 은총에 의존하여 살며 마음 깊이 감사하는 것이 찬양의 의미이다.

　마지막으로 찬양은 하나님과의 순수한 인격적 교제를 의미한다. '거래'나 '회유' 등의 요소나 무엇을 주고받거나 하는 것이 전혀 없는 순수한 영혼의 교제이다. 하나님 자신과 교제하는 방법이 찬양이다. 필자가 가르친 어떤 학생이 기말시험 답안에 "피조된 인간으로서 가장 고귀한 가치를 지니신 하나님께 찬양을 올리며 모든 감사와 사랑을 드린다는 것은 인간 영혼이 누릴 수 있는 가장 큰 축복"이라고 정리해 낸 적이 있는데 찬양을 잘 이해한 것이라 생각된다. 웨스트민스터 소요리 문답 1문은 찬양의 정신을 잘 표현했는데 인생의 제일 되는 목적을 '하나님을 영화롭게 하고 그분을 영영토록 즐거워하는 것'이라고 하고 있다. 그중 '그분을 즐거워하는 것'은 곧 하나님과의 인격적 교제를 의미한다. 인간 영혼을 위한 참되고 가장 큰 축복과 기쁨은 하나님과 교제하는 것이다. 주고받고만 염두에 두는 '무인격적' 신앙이 아니라 하나님 자신을 만나고 '즐기는' 교제의 신앙으로 성장해야 할 것이다. 시편의 찬양은 신앙의 교제적 차원을 말해주고 있다.

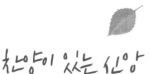

찬양이 있는 신앙

한 미국의 유명한 구약학자가 "미국교회는 탄식이 죽었다"고 말한 적이 있다. 미국 교회가 긴 교회 역사를 가지고 신앙생활을 하지만 간절히 부르짖어 구하는 기도를 할 줄 모르게 되었다는 것이다. 왜 부르짖어 구할 일이 없겠는가. 수많은 문제를 교회와 개인이 지니고 있어 응당 하나님께 울며 부르짖어야 하겠으나 오래 편안한 삶을 누리다 보니 이제는 문제가 있어도 기도하지 못하는 이상한 습관과 문화가 몸에 배어버린 것이다. 기도하지 안하거나 못하는 것이 습관과 문화가 되어버렸다면 그것처럼 불행한 역사가 어디 있겠는가. 곪아 썩어가는 심각한 죄와 중증의 질병이 번연히 있는데도 기도하지 못하는 교회에 비하면 한국교회는 (개인기도는 물론이려니와) 새벽기도로 여러 예배와 기도모임으로 꾸준히 기도하는 전통을 지켜오고 있어 참으로 다행이며 참으로 은혜라 아니할 수 없다. 비록 힘겨운 근대사로 깊은 고통의 수렁에서 몸부림쳐야 했던 시간이 길었던 것은 안타깝기 짝

이 없는 일이나 그를 통해서 하나님 앞에 바짝 엎드려 기도하는 것을 배울 수 있었으니 이것은 무엇과도 바꿀 수 없는 은혜다. 게다가 속된 말로 기름 한 방울 안 나는 나라에서 이 같은 평화와 번영을 누리게 된 것은 오직 기도의 눈물방울이 쌓여 이루어진 기적 외에 아무것도 아니기에 곤경에 처한 자신의 백성의 부르짖음에 반드시 귀를 기울이시고 구원하시는 하나님의 신실하신 사랑이(참고: 출 2:23-25) 감사하기만 할 따름이다.

탄식기도는(Lament) 과연 한국교회의 특기라 할 것이다. 특히 새벽기도는 그 기도의 장르를 말하라 한다면 탄식이 아닌가. 새벽마다 하나님께 나아가 자신과 사회에 닥친 어려움을 토로하며 구해주시기를 그 얼마나 기도했던가. 아마 교회 역사 전체를 보아도 한국교회만큼 탄식기도에 능통한 교회는 없다고 해도 과언이 아닐 것이다. 한국교회는 이처럼 탄식기도를 통해 수많은 응답을 받고 하나님의 구원하시는 손길을 경험하는 엄청난 은혜를 누렸다. 하지만 이 큰 은혜에는 한없는 감사를 올리면서도, 한편 우리의 기도 생활에 보완해야 될 중요한 점 한 가지를 생각하는 기회를 가져 보고자 한다.

성경에는 시편이라는 기도책이 있다. 시편은 성경의 유일한 기도집인데 하나님이 자신의 백성이 기도드릴 때 그들의 기도를 그 책에 실린 기도들의 음성에 맞추어 기도하도록 가르치시려고 주신 책이다. 시편은 기도를 어떻게 가르치는가. 시편에는 예닐

곱 개의 기도 장르가 있으나 그 중 가장 대표적인 것은 탄식기도와 감사-찬양기도(이것은 편의상 찬양기도로 통일해 부르기로 하자)이다. 이 두 기도가 시편의 기도를 이루는 두 기둥이라 할 수 있다. 즉, 시편은 우리에게 탄식기도와 찬양기도를 균형 있게 하나님께 올리도록 가르치고 있는 것이다. 탄식기도는 중요하다(탄식기도 및 탄식의 요소를 지닌 기도가 시편 전체 분량의 반 가까이 된다). 지상에 살아가는 인간은 항상 결핍 가운데 있기 때문에 늘 하나님으로부터 오는 공급을 필요로 하고, 따라서 "주세요"하는 기도를 기본으로 살아가게 된다(참고: 마 6:11). "우리는 기도하고 하나님은 응답하신다"는(we pray and God answers) 단순한 명제가 신앙의 가장 기본적인 원리가 된다. 비록 거듭난 신자라 하더라도 지상에 사는 동안 걱정과 두려움에 쉽게 휩싸일 수 있기 때문에 인간은 항상 하나님을 향한 탄식을 필요로 한다. 그러나 시편은 탄식 외에 또 하나의 중요한 기도를 가르친다. 그것은 바로 찬양기도이다. 찬양기도는 "주세요"하는 것 대신 "하나님이 (이미) 주셨습니다" 하고 고백하는 기도이다. (2인칭으로) 요구하는 것 없이 하나님이 이루신 큰 일들을 (3인칭으로) 진술만 하는 것이기에 '시인기도'(是認祈禱)라고도 부른다. 우리는 달라고 요구하는 것만 기도로 생각하기 쉽지만 시편은 하나님이 무엇을 하셨습니다 하고 시인하는 것도 기도로, 그것도 아주 중요한 기도로 가르친다. 인간이 하나님께 건네야 될 말로서 달라는 요청만 아니라 하나님 하신 일을 그저 기술하는 시인도 있음을 말한다. 그리고 이 시인, 즉 찬양기도를 잘 올려야 건강하고 성숙한 신앙 생활이 될 수 있음을 가르친다.

시편에는 8, 19, 29, 33, 95-100, 103-105, 111, 113-114, 117, 134-136, 145-150편 등의 찬양기도가 있다. 찬양기도의 특징과 내용을 살펴보자. 찬양기도들에는 탄식기도에 흔한 요소 인 '불평'과 '간구'가 없다. 이는 우리의 두려움이나 걱정, 심지 어 문제 해결을 위한 간구까지도 필요 없을 만큼 하나님의 인도 가 완벽하다는 것을 의미한다. 하나님의 백성은 완전하신 하나 님께 자신의 모든 것을 맡기고 전적으로 안심하여 살아갈 수 있 다는 뜻이 될 것이다. 찬양기도는 하나님의 창조와 구속(출애굽) 을 진술하는 것을 주 내용으로 한다. 출애굽으로 예표된 구속은 성경 계시의 핵심 진리다. 주님의 십자가와 부활은 하나님의 백 성을 죄와 사망에서 건져 내어 천국으로 인도하고 그들로 하여 금 영생이라는 삶의 질을 누리게 하는 가장 중요한 은혜이다. 창 조의 진술은 태초의 창조만(creatio prima) 의미하는 것이 아니고 하나님의 계속되는 창조적 활동도(creatio continua) 의미한다. 즉 하나님의 백성을 가장 안전하게 구원으로 인도하고 가장 복된 삶이 되도록 인도하는 섭리의 은혜까지를(gubernatio mundi) 의 미하는 것이다. 이처럼 찬양기도는 구속과 섭리의 은혜에 대한 진술이다. 구속과 섭리는 하나님이 그의 백성에게 베푸시는 은혜 전체를 범주적으로 표현한 말이다. 따라서 찬양기도는 하나님이 그의 백성에게 베푸시는 전 은혜를 시인하는 기도이다.

이러한 점에서 볼 때 찬양기도는 복음적 신앙을 고백하는 가장 적절한 기도이다. 십자가 구속에 대해 고백하고 섭리의 은혜에 대해 고백하며 이로 말미암아 성도를 새롭게 하시는 하나님의 은혜와 기적을 경험하게 하는 기도이기 때문이다. 달라는 것이 없기 때문에 싱겁거나 기도의 열심을 유발하지 못하는 유약한 기도로 생각해서는 안 된다. 이미 주신 구원의 은총(출애굽, 십자가)을 기억하고 고백하므로 그 은총과 기적이 신자의 삶에 새롭게 활성화되게 하는 언약갱신적 기도이므로 가장 어려운 시간에 기도해서 하나님의 '크신 구원을 경험할 수 있는 강력한 능력의 기도이다. 찬양기도는 이처럼 하나님의 은혜와 복음의 성격을 잘 드러내기 때문에 기독교 신앙을 이방신앙과 구별 짓는 가장 분명한 기준이 되기도 한다.

거듭 말하지만 "주세요" 하고 요청하는 탄식기도는 매우 중요하다. 그것을 통해 필요를 채움 받으며 하나님의 손길을 체험하는 것이니 이 얼마나 중요한 은혜의 수단인가. 탄식이 약해지거나 멈추면 우리의 미래나 운명도 멈춘다는 사실에 경각심을 가지면서 간구하는 기도가 약해지지 않도록 각별한 주의를 기울여 더 많이 모이고 더 열심으로 기도해야 할 것이다. 그러나 달라고 하는 기도에만 머물러선 안 된다는 것이 기도생활에 대해 반성하면서 우리 마음에 꼭 새기게 되는 점이라는 말이다. 우리 신앙은 "주세요"로만 일관하지 않고 "하나님이 다 주셨습니다," "다 받았습니다" 하는 시인(是認)의 기도로 나아가야 할 것이다. 달라는 기도에만 머무른다면 우리가 재래적 민간신앙의 수준에서 얼마나 탈피하고 있는지 자문해 봐야 할 소지가 많은 것이다. 찬양기도를 우리 믿음의 언어가 되게 할 때 비로소 우리는 자칫 감염되기 쉬운 이방성을 완전히 털어 버리고 우리 신앙을 복음의 본질 위에 굳건히 세울 수 있다. 찬양은 하나님 하신 일을 기림으로 하나님을 영화롭게 하는 기도이기 때문에 하나님 중심 신앙도 이때 비로소 구현된다. 우리의 기도를 시편 찬양의 음성에 조율하는 법을 배우자. 세상의 어떤 아픔 슬픔도 이겨낼 수 있을 것이다. 복음의 은혜와 능력을 깊이 경험하게 될 것이다. 하나님의 인격과 더불어 깊이 교제하는 성숙에로 나아가게 될 것이다.

지혜서란 무엇인가

구약 성경에는 지혜서라 불리는 일군의 성경이 있다. 잠언, 전도서, 욥기를 말한다. 이 책들을 지혜서라 부르는 이유는 "지혜"(호흐마)라는 주제를 다루는 책들이기 때문이다. 지혜서에서 지혜라는 말이 갖는 의미를 대강 정의하면 '하나님을 두려워하는 의로운 생활 또는 그러한 생활에 대한 자각' 정도가 될 것이다.

지혜서들이 성경의 다른 책들과 구별되는 점은 다른 책들에 비해 좀 다른 관심을 가지고 있다는 것이다. 지혜서든 지혜서 외의 성경이든 여호와 하나님을 의뢰하는 신앙은 동일하다. 그런데 관심의 초점이 약간 다르다. 지혜서 외의 성경은(오경, 역사서, 선지서, 시편 등) 선민의 구속사에 주된 초점이 맞춰져 있다. 하나님이 이스라엘을 사랑하셔서 맺으신 언약 관계의 유지가 큰 관심사이다. 이를 위해서 하나님께서 꾸짖기도 하시고 벌주기도 하시며 즐거워도 하시고 서운해 하시기도 한다. 사람들은 부르짖기도 하고 회개하기도 하며 찬양도 하고 노래도 짓는다. 지혜서는 좀 다르다. 선민, 구속사, 언약이라는 특별은총적 주제들에 큰 관심을 기울이지 않는 대신, 보편적인 인간이 살아가는 '삶'에 관심이 있다. 일상에 일어나는 일들 속에서 어떻게 하면 인간이 바르게 살아갈 것인가가 주 관심이다. 그래서 바르고 정의롭게 그리고 책임있게 살아가는 인간을 길러내려 한다. 젊은이의 마음속에 바르게 판단하고 옳게 행동하는 인격과 용기를 심어주려 한다. 위기 대처에 대한 관심이 아니라 평소의 생활 관리에 대한 관심이라 하겠다. 그리고 지혜서는 이와 같이 바른 삶을 통해서만 참된 행복이 찾아오고 향유된다는 점을 분명히 심어주려 한다.

사회를 건강하게 지탱할 정직이나 성실과 같은 기본적인 가치가 실종된 시대에 우리는 살고 있다. 올바른 가치관과 의식의 교육이야 말로 교회가 미래를 위해 책임져야 할 부분이다. 바른 정신은 미래의 건강하고 강한 사회를 일궈내는 참된 인프라이다. 잠언 등 지혜서를 잘 풀어 가르쳐서 우리 사회의 내일을 책임질 일꾼들이 많이 탄생되도록 해야 하겠다.

지혜서는 어떻게 분류되는가

지혜서는 크게 실천지혜(practical wisdom)와 사색지혜(speculative wisdom)로 분류된다. 물론 학자들의 개념적 분류이므로 절대적인 것은 아니고 약점도 있을 수 있다. 그러나 지혜서를 이해하는 데 많은 도움을 주는 분류이다. 실천지혜란 처방지혜(recipe wisdom)라고도 하는데 인생을 성공적인 것으로 만들기 위해 여러 '처방'을 주는 것이다. 처방 중에 가장 대표적인 것이 합신의 교훈처럼 '바른 생활'이다. 실천지혜는 바른 생활을 할 때만 하나님의 축복이 있고(참고: 잠 3:33) 성공적인 인생이 얻어진다고 가르친다. 잠언이 실천지혜에 속하는 책인데 잠언은 젊은이들을 향해 거짓이나 악행, 편법 등의 방법으로 멸망으로 가는 지름길을 택하지 말고 힘들고 오래 걸리더라도 정직하고 선하고 바른 길을 걸어서 참되이 성공하는 인생을 살라고 간곡히 가르친다. 하나님은 그를 두려워하고 그의 계명을 지키는 자와 함께 하신다는 것이다. 이것은 자기 노력으로 구원이나 축복을 얻어내는 식의 공로주의나 율법주의를 의미하는 것이 아니다. 하나님의 은혜를 받은 신자가 축복을 향유하는 길을 밝혀 준 것이며 하나님과 이웃에 대해 책임을 지는 성숙한 신앙의 본질이 무엇인가를 가르쳐 주는 대단히 중요한 내용이다.

사색지혜란 실존지혜(existential wisdom)라고도 하는데 실천지혜가 가르치는 '의인은 복을 받고 악인은 재앙을 만나다'는 공식(보응의 원리하고 부름)이 위대하기는 위대한데 언제나 맞는 것은 아니며 그것을 기계적으로 누구에게나 적용하는 데는 큰 문제가 있다고 지적하는 것이다. 사색지혜는 특히 인간의 고난 또는 삶의 불합리란 상황과 관련하여 하나님의 섭리에 대해 진지하게 고민하는 것을 말한다. 욥기와 전도서가 사색지혜에 속한다. 욥기는 의인은 형통하고 악인은 재난을 당한다는 소위 보응의 원리는 전통주의자들이(친구들) 생각하는 것처럼 그렇게 항상 들어맞는 것은 아니라는 점을 설파한다. 또한 욥기는 (하나님의 말씀을 통하여) 고난과 연결된 하나님의 섭리는 인간이 자신의 인지 능력으로 다 파악할 수 없는 어떤 신비라고 말한다. 그러므로 인간은 어디까지나 자신의 인지의 한계를 알고 하나님의 경륜 속에 있는 신비를 받아들여야 하며 여전히 하나님의 공의로운 세계 경영을 믿어야 한다. 믿을 수 없음을 넘어선 믿음이라고 할 수 있다. 전도서도 유사한 메시지를 가지고 있다. 인간의 주변과 그가 사는 사회에 납득할 수 없는 불합리하고 부조리한 일이 많이 있어도 그것과 싸우지 말라고 전도서는 말한다. 받아들일 줄 알아야 한다는 것이다. 수긍할 수 없음을 넘어선 수긍이라고 할 수 있겠다. 인간의 앞에는 인간의 도덕률과 지혜로 풀 수 없는 모순이 무수히 많이 놓여 있다. 그러나 인간은 그의 인식의 한계를 넘어서 계신 '숨겨져 계신 하나님'(deus absconditus)을 여전히 신뢰해야 한다. 그리고 계명에 순종하는 의로운 생활을 영위해야 한다. 이 순종의 생활은 하나님 앞에서 최상의 가치를 지닌다.

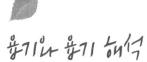

욥기냐 욥기 해석

욥기는 구약의 책들 중에서도 가장 난해한 책으로 알려진다. 하지만 많은 시간과 노력이 소요된다 하더라도 지난한 해석의 과정을 거쳐 욥기가 어떤 책인가 하는 이해에 이르게 된다면 그것이 가져다 줄 열매는 상상 이상이 될 것이다. 하나님을 믿는 우리의 신앙에 더없는 깊이와 넓이를 가져다 줄 것이기 때문이다. 문학적으로도 욥기는 세계문학사에서 최고의 걸작으로 꼽힌다. 시작(詩作)의 기술이나 문학적 아름다움은 물론이거니와 그것이 다루어내는 주제의 심오함이나 심각성이란 것이 다른 어떤 문학 작품과도 견줄 수 없는 것이기 때문이다. 욥기를 차분히 주석하고 책이 말하고자 하는 바를 정확하게 그리고 깊이 읽어내야 하는 이유가 여기에 있다.

책이 지닌 난해성에 대해 살펴보자. 무엇보다 욥기는 어휘가 어렵다. 거의 매 절마다 성경에 매우 드물게 나오는 단어들이 한두 개씩 등장한다. 성경에 드물게 나오는 단어들은 정확한 의미

결정이 쉽지 않아서 해석자가 애를 먹는 첫 번째 관문이다. 어휘 문제가 해결돼도 구문의 문제가 남는다. 단어의 뜻이 다 파악되었다 하더라도 그 단어들이 모여 이룬 문장이 과연 어떤 구조로 의미를 전달하고 있는 것인지 결정하기 어려운 경우가 많은 것이다. 구약성경에서 시로 된 부분은 대체로 문장들의 구문 파악이 쉽지 않은데 그 중에도 특히 욥기는 구문이 난해한 문장이 많은 책이다. 주어 술어를 정하는 문제, 평서문인지 의문문인지 또한 아니면 조롱(mockery)의 문장인지를 정하는 문제, 문장의 톤(tone)을 파악하는 문제 등등 구문 이해와 관련된 힘든 숙제들이 해석자를 기다린다. 어휘와 구문이 다 파악되었다고 하자. 그 다음은 책의 구조 문제가 있다. 욥기의 책의 구조 자체는 파악이 어렵지 않다. 다만 그 구조를 이루는 각 부분들이 어떤 기능을 가지고 무엇을 의미하는지 하는 것을 결정하는 것이 쉽지 않다는 것이다. 각 부분이 왜 그 자리에 있는지, 거기서 (책 전체를 위해) 무슨 기능을 하는지 또한 그것은 무엇을 말하고자 하는 것인지 하는 것들이 모두 정밀한 숙고를 요한다. 예컨대 4-27장의 욥과 친구들의 긴 토론은 왜 필요한 것이고 무엇을 의미하는지, 28장의 지혜 찬양은 누구의 말이며 왜 거기에 들어가 있는지, 29-31장의 욥의 변명은 왜 그곳에 있으며 무슨 기능을 하는 것인지, 32-37장의 엘리후의 연설은 4-27장의 친구들의 주장과 비교해 새로울 것이 별로 없이 진부한데 왜 필요하며 무슨 목적으로 있는 것인지, 38:1-42:6의 하나님의 말씀은 책 전체에서 무슨 기능을 하며 무엇을 의미하는 것인지 등등 모두 충분한 해설을 기다리고 있다. 또한 1-2장과 42:7-17의 산문과 그 사이에 들어 있는 시(대화)(3장-42:6) 사이에는 욥의 태도나 그 안에서 다루어지는 신학적 토론의 성격과 분위기가 현저하게 차이가 나는데 이 모순과 불일치는 어떻게 해결될 것인가 하는 것도 욥기 해석의 큰 과제 중의 하나이다. 욥기는 개별 어휘의 문제, 문장들의 구문 문제 등이 다 해결되어도 이처럼 구조적인 불연속, 모호성, 모순 등의 문제가 남아 있어 해석자로 하여금 긴장을 조금도 늦추지 못하게 하는 책이다. 이렇게 하여 어휘, 구문, 구조의 문제들이 다 해결되고 나면 해석자는 그제야 비로소 책의 주제, 즉 욥기가 무엇을 말하고자 하는가 하는 것을 결정하는 일에 착수할 수 있게 된다. 책의 주제를 파악하는 일은 우선 구조의 어느 부분이 욥기가 핵심적으로 전하고자 하는 메시지를 담고 있는가 하는 것을 정하는 일로부터 시작될 것이다. 그리고 그 부분을 조심스럽게 주경하면서 숙고에 숙고를 거듭함으로 마침내 욥기는 무엇을 말하는 책인가 하는 결론에 도달하게 될 것이다.[1]

---

1) 욥기는 중요하지만 어려운 책인 관계로 욥기가 무엇을 말하는가에 대한 논쟁은 욥기가 정경이 되고 난 후부터 지금까지 수천 년간 이어져 왔다고 볼 수 있다. 그러나 1980년대 지혜서에 대한 새로운 관심이 고조되기 시작하면서 욥기의 이해를 위한 저술의 양이 급격히 증가했고 현금의 학계의 분위기를 보면 이제는 학자들 사이에 욥기의 주제가 무엇인가에 대해 거의 교과서를 쓸 수 있는 수준까지 컨센서스가 확보된 느낌이다. 설교 사역자들이 이제는 욥기에 대해 '정답'을 찾을 수 있을 만큼 학자들 사이에 의견이 좁혀지고 이를 반영하는 좋은 저술들이 나오고 있다는 말이다. 어느 해설서나 주석을 보더라도 접근법이나 표현이 다소 다를 뿐

욥기는 이처럼 지난한 해석의 과정을 통과한 후 비로소 속살을 드러내는 책이다. "의인의 고난"이라는 심각하고도 중요한 주제를 다루는 책인 만큼 해석의 과정도 그에 걸맞은 많은 인내와 노력을 요구하는 것인지도 모르겠다. 하지만 많은 노력과 시간이 소요되더라도 바른 해석에 이르게 되면 그것은 상상 이상의 값진 열매를 선물로 가져다 줄 것이다. 해석자에게 자신의 모습을 드러낸 욥기는 하나님의 백성의 믿음을 전과는 비교할 수 없는 한층 깊고 성숙한 것으로 도약시켜 줄 것이기 때문이다. 이전에는 인지하지 못했던 하나님의 경륜의 깊은 것에 대해 깨닫게 되고, 하나님의 사랑과 자유의 신비에 대해 새로운 눈을 뜨게 된다. 그래서 하나님의 백성은 하나님의 깊고 크신 사랑에 감사하면서 하나님과 세계에 대해 넓은 마음을 품는 데로 성장하게 된다. 과정이 고되어도 욥기의 핵심 주제가 무엇인가 하는 '답'에 이르기 위해 힘을 다해 주석적 노력을 기울여야 하는 이유가 여기에 있다.

그간 교회 강단은 욥기를 설교하는 일에 있어 많은 곤경을 겪

거의 비슷한 결론을 내리고 있는 것을 본다. 비교적 최근에 나온 저술로서 설교자들이나 일반 교우들이 쉽게 욥기를 이해할 수 있도록 해설한 바돌로뮤 교수의 작은 책자도 하나의 좋은 예이다: Craig G. Bartholomew, 『하나님께 소리치고 싶을 때: 욥기』, 송동민 옮김 (경기도 고양: 이레서원, 2017)(원저는 2016년에 발간됨). 필자의 졸저도 독자들이 욥기의 핵심 주제에 이를 수 있도록 학자들의 포괄적인 컨센서스를 반영하여 욥기를 찬찬히 해설했다: 『구약 지혜서 연구』 (수원: 합신대학원출판부, 2009), 101-138. 학계의 집적된 연구와 충실한 저술들이 있어 욥기는 이제 더 이상 멀고 어려운 책이 아니다. 독자들은 이제 가까이 잡히는 해설서나 주석들로부터 사랑과 경원을 동시에 받아온 책 욥기에 대해 꽤 잘 정리된 안목들을 공급받을 수 있게 되었다.

어왔다고 말할 수 있다. 욥기는 파악이 쉽지 않기 때문에 간단히 '쉬운' 방식으로 설교되기 일쑤였다. 욥기의 진정한 의미를 강해하는 대신 그저 이미 알고 있는 교리를 증명하는 본문으로 인용하는 정도에 그침으로 책의 의미가 쉽게 축소되곤 했다. 선호되는 몇 구절만 인용되기 일쑤였는데 그것도 본문의 원래 의도와는 전혀 상관없거나 오히려 반대의 의미로 오해되어 설명되기도 하였다.[2] 충분한 연구가 없이는 이해할 수 없는 것이 욥기이고 책 전체에 대한 충분한 이해가 없으면 어느 한 본문도 설교할 수 없는 것이 욥기이다. 욥기는 책 내의 치열한 고민들과 날카로운 의견의 대치들이 갖는 의미를 충분히 읽어내는 것이 중요하다. 또한 갈등의 과정 끝에 주어진 하나님 말씀의 의미를 제대로 찾아내는 것이 중요하다. 주석이란 성경의 한 본문 한 본문에 대한 바른 이해와 더불어 특히 욥기와 같이 어려운 책의 경우 책 전체가 주는 메시지를 정확히 찾아내는 작업이다. 책 전체의 방향과 의미를 발견하고 한 본문 한 본문을 바르게 이해하는 것은 욥기라는 중요하고도 어려운 책을 현대 청중에게 의미 있게 해설하고 설교하는 일을 위해 반드시 필요한 기초이다. "욥기의 바른 이해에 기초하여 준비된 설교는 오늘을 사는 청중에게 욥기의 의미(주제)를 정확히 전달해 줄 것이고, 따라서 청중은 욥기를 통

---

2) 구약성경은 그 자체가 어렵기도 하고 잘못 이해되는 부분이 많은 책이다. 책별로 또는 본문 하나하나가 오해하여 설명되는 수가 많다. 이처럼 해석의 사각지대가 많은 것이 구약인데 그 중에서도 특히 어려운 책 욥기는 해석의 오남용에 가장 많이 시달린 책이라 해야 할 것이다.

해서 하나님이 말씀하시는 바와 직접 만나며 자신들의 고통과 혼돈을 하나님 앞에서 참된 용기를 가지고 해결해 나갈 수 있게 될 것이다."[3]

---

3) 참고: 현창학, 『구약 지혜서 연구』 (수원: 합신대학원출판부, 2009), 102.

욥기의 주제

욥기의 주제[1]

욥기의 주제(메시지)는 하나님의 말씀 부분에(38:1-42:6) 주어지고 있다고 보는 것이 가장 타당할 것이다. 하나님의 말씀 부분은 대화의 제일 마지막에 위치할 뿐 아니라, 두 번의 하나님의 말씀이(38:1-40:2, 40:6-41:34) 주어지고 나자 욥의 고통이 사라지고 욥의 태도도 일변하기 때문이다.[2] 하나님의 말씀이 사태의 종결에 결정적인 역할을 하고 있음을 알 수 있다.[3]

---

1) 이 내용은 졸고, "엘리바스의 연설 해석: 욥기 4-5장을 중심으로," 「신학정론」 32/1 (2014): 60-64에서 찾아볼 수 있다.

2) 현창학, 『구약 지혜서 연구』(수원: 합신대학원출판부, 2009), 118.

3) 향후 논의에 도움이 될 수 있도록 하나님 말씀 부분의(38:1-42:6) 구조를 살피면 다음과 같다.

여호와의 말씀 I (38:1-40:2)
욥의 답변 I (40:3-5)
여호와의 말씀 II (40:6-41:34)
욥의 답변 II (42:1-6)

로울리(H. H. Rowley)와 앤더슨(F. I. Andersen) 등은 하나님의 말씀이 욥기의 핵심 부분이기는 하지만 하나님은 이곳에서 사실상 아무 대답도 하지 않으신다고 생각한다.[4] 욥이 묻고 책이 묻는 "어째서 의인이 고난을 받는가" 하는 물음에 대해 하나님은 전혀 언급하지 않으시고 동문서답식의 질문들만 길게 늘어놓기 때문이다. 욥이 답변을 엄두조차 낼 수 없는 압도적인(overwhelming) 질문 90개를 열거하실 뿐이다.

그러나 면밀히 살피면 하나님은 어떤 주제 하나를 분명히 말씀하고 계시다. 하나님의 말씀 부분의(38:1-42:6) 구조로 부터 이것이 분명해진다. 한 단어가 문학단위의 초두인 38:2과 가장 말미인 42:3에 공히 등장해서 소위 봉투구조(inclusio)를 형성한다. '에차'(עֵצָה)라는 단어이다.[5] 그리고 이 단어만 아니라 이 단어를 포함한 문장도 거의 그대로 반복되고 있다: 38:2 "지식이 없는 말로 '계획'을 어둡게 하는 이 자는 누구냐?"; 42:3 "지식이 없이

참고: 현창학, 『구약 지혜서 연구』, 112.

4) Rowley의 입장에 대해서는 필자의 해설 참고: 현창학, 『구약 지혜서 연구』, 121. Andersen도 사실상 Rowley와 같은 생각이라고 볼 수 있는데 그는 욥의 고난에 대해 하나님은 "그저 의미가 없는 것"(It is just meaningless)이라고 대답하고 있다고 본다. Francis I. Andersen, Job: An Introduction and Commentary, TOTC (Leicester, England: Inter-Varsity Press, 1976), 71.

5) '에차'(עֵצָה)는 '호흐마'(חָכְמָה; "지혜")의 동의어들 중의 하나로서 원래 "상담," "계획"을 의미하는 단어인데 여기서는 하나님의 지혜, 경륜, 설계, 계획 등을 의미한다. 개역개정은 이 단어를 38:2에서는 "생각"으로 42:3에서는 "이치"로 번역하고 있는데 한 문학단위 안에서 같은 단어를 다른 말로 옮긴 것은 큰 혼동을 준다(개역한 글은 둘 다 "이치"로 하고 있음).

'계획'을 가리는 이 자는 누구냐?"[6] '에차'는 특이하다. 하나님의 말씀에 나오는 다른 단어들(명사들)은 거의 모두 구상명사(具象名詞)들인데(예: 땅, 새벽별, 바다, 아침, 사자, 까마귀, 산염소, 들나귀, 들소, 타조 등) 이 단어만 추상명사(抽象名詞)이자 개념어(槪念語)이다. 이 점은 '에차'를 두드러지게 하고 봉투구조를 형성하는 효과를 배가시킨다. 봉투구조는 동일한 요소를 처음과 끝에 반복시킴으로 문단의 경계를 정해주는(demarcate) 기능과 더불어 그 문단의 메시지나 모티프를 드러내거나 강조하는 기능을 하는 수사구조이다.[7] '에차'가 문학단위의 서두와 말미에 배치된 것은 우선은 하나님의 말씀 부분을(38:1-42:6) 한 단위로 묶는 역할을 하는 것이고 동시에 이것은 이 문학단위의 주제를 드러내 보이는 기능을 한다. 하나님 말씀 부분의 주제가 '에차'라고 말해주고 있는 것이다. 한 두드러진 단어를 문단의 바깥틀, 즉 서두와 말미에 배치한 '구조'가 문단의 주제(모티프)를 '에차'라고 가리켜 말하고 있다.

'에차'는 하나님의 지혜, 경륜 또는 질서를 의미하는 말로서 38:1-40:2와 40:6-41:34의 두 번에 걸친 여호와의 말씀은 이 '에차'를 방어하는 말씀이라 볼 수 있다. 우주의 창조, 기상(氣象)

---

6) 개역개정의 번역이 정확치 않아 필자의 사역을 썼다. 38:2와 42:3의 원문은 각각 מי זה מחשיך עצה במלין בלי־דעת, מי זה מעלים עצה בלי דעת이다. 하나님 말씀 부분의 (38:1-42:6) 봉투구조는 또 다른 구절 "내가 네게 묻겠으니 너는 내게 알게 하라"(אשאלך והודיעני)가 초두와 말미에(38:3, 42:4) 반복됨으로 말미암아 강화된다 (이 구절은 여호와의 말씀 II가 시작되는 40:7에도 나온다).

7) 참고: 현창학, 『선지서 주해 연구』(수원: 합신대학원출판부, 2013), 129.

의 변화, 별자리의 운행, 야생동물의 생태, 거기다 신비한 '브헤못'과 '리워야단'의 생김새까지 하나님은 다양한 것들에 대해 많은 질문을 하신다. 이 질문들을 통하여 하나님은 자신의 '에차,' 즉 자신이 운영하는 우주의 질서는(자연 질서뿐 아니라 도덕 질서까지 포함) 피조물인 인간이 헤아려 이해할 수 있는 성질의 것이 아니라는(unfathomable) 점을 명확히 가르치려 하시는 것으로 보인다. 욥은 깊은 곤경에 처한 상태에서 자신의 결백을 믿기 때문에 하나님이 운영하시는 도덕질서(보응의 원리)에 대해 수많은 의문과 항의를 제기했다(3-31장). 하나님의 경륜이 반드시 자신에게 납득이 되어야 된다고 생각한 것이다. 그러나 그 모든 것은 욥이 자신이 알 수 없는 것들에 대해 많은 말을 한 것에 불과했다(참고: 42:3). 내재된 우주의 도덕질서인 보응의 원리 자체를 하나님이 부정하신 것은 아니겠지만(이 점은 42:7 이하에 나타나는 욥의 회복으로부터 분명해진다),[8] 하나님은 그 질서의 운영이 인간의 탐구 능력 밖에 있는(inscrutable) 것이란 점을 명백히 하고 계신 것이다. 하나님이 운영하시는 질서는 하나님이 직접 운영하시는 것으로서 인간이 이해를 훌쩍 벗어나 있다. 예컨대 별자리의 운행 하나만 보아도 그렇다. 사람에게 "묘성"(황소자리 산개성단)의[9] 흩어진 별들을 모아 묶을 수 있는 능력이 있는가. "삼성"(오리온

---

8) 보응의 원리에 대한 보다 상세한 해설은 현창학, 『구약 지혜서 연구』, 86-91을 참조.
9) Pleiades 또는 Taurus라 불림.

자리)의 중앙에 띠처럼 모여 있는 세 별을[10] 흩을 능력이 있는가
(38:31). 하늘의 각 별자리를 계절마다 제 자리로 이끌어낼 능력
이 있는가. 큰 곰자리 일곱 개의 별을("북두칠성")[11] 하루 밤에
360도 회전시킬 능력이 있는가(38:32). 이런 일을 사람이 할 수
없는 것처럼 사람은 하나님의 도덕질서 운영을 이해할 수도 그
것에 대해 관여할 수도 없다. 하나님의 질서 운영은 인간의 소위
'계산적인 지혜'(nachrechnende Weisheit)의 밖에 있다.[12] 인간의
인지·이해 능력이 관통할 수 없다(impenetrable). 극심한 곤경과
그에 대한 적절한 설명의 부재로 인해 인간 쪽의 좌절이 아무리
크다 해도, 하나님이 도덕질서를 운영하시는 경륜은 인간이 다
이해할 수 없는, 인간의 이해를 넘어선(beyond human comprehen-
sion) 신비(mystery)인 것이다.[13] 필자는 욥기의 주제를 네 가지로
정리하면서 그중 가장 중요한 것으로 하나님의 경륜의 신비에
대해 다음과 같이 진술한 적이 있다.

인간의 고난, 또는 하나님이 운영하시는 도덕 질서(또는
그분의 주권-섭리)란 인간의 눈에는 불가해한(unfathom-

---

10) Alnitak, Alnilam, Mintaka 등 2등성의 세 별을 말함.

11) Big Dipper, Great Bear, Ursa Major 등으로 불림.

12) 참고: Walther Zimmerli, 『구약신학』, 김정준 옮김 (서울: 한국신학연구소, 1976), 216.

13) Roy Zuck 역시 "인간은 신비와 함께 살아야 한다"(Man must live with mystery)를 욥기의 핵심 메시지로 파악하는데 정확한 관찰이라 생각된다. R. Zuck, Job, Everyman's Bible Commentary (Chicago: Moody Press, 1978), 190.

able, inscrutable) 것이다. 고난은 보응의 원리, 또는 반(反)
보응의 원리가 답을 할 수 없는 수수께끼(mystery)이다.[14]

자신이 고난을 받는 이유에 대해 깊은 고민을 하는 욥을 향해
하나님은 인간은 모든 일에 납득할만한 설명을 얻으며 살 수 없
다고 가르쳐 주고 계시다. 오랜 시간 '인내'하면(약 5:11) 나중에
깨달을 수 있을는지는 모른다. 그러나 당장 당장 다가오는 곤경
의 이유와 원인을 다 파악하며 살아갈 수 있는 것은 아니다. 인간
은 다만 무한한 하나님의 지혜를 믿고 또한 그분의 지혜는 당신
의 자녀를 향한 크나큰 사랑으로 충만하다는 것을 믿는 가운데
감사와 찬양으로 하루하루의 격랑을 이겨나가야 할 뿐이다.

이 점에 대해 퇸싱(Tönsing)의 해설이 도움이 된다. 퇸싱은 하
나님의 방대하고 드넓은 우주 경영은 인간으로 하여금 "하나님
의 자유에 대한 너그러운 사랑과 존경심"(the free love and respect
for God's freedom)을 가질 것을 요청하고 있다고 말한다.[15] 하나
님은 우리가 알지 못하는 신비의 공간을 지니신 분이다(물론 이
공간은 하나님의 자녀를 향한 사랑으로 가득 차 있는 공간이다). 하나
님의 경륜에 대해 "너그러움"을 갖는다는 말은 그 분의 무한한
지혜에 대해 마음을 열고 그 앞에 겸손히 무릎 꿇는 것을 의미한

---

14) 현창학, 『구약 지혜서 연구』, 136.

15) D. L. Tönsing, "The Use of Creation Language in Job 3, 9 and 38 and the Meaning
of Suffering," Scriptura 59 (1996): 446.

다. 혼돈과 갈등도 있고 악과 부조리도 있고 전혀 쓸 데 없어 불필요해 보이는 것도 있고, 심지어 놀이와 기쁨의 요소마저 함께 있는 그러한 질서, 그것이 우리의 이해를 넘어서는, 하나님의 지혜가 다스리는 질서인 것이다. 우리는 이 질서를 받아들일 수 있어야 한다. 본연의 우리의 모습인 피조물로 돌아가서(참고: 42:6) "하나님의 자유에 대한 너그러움"을 지녀야 하는 것이다. 그것이 모순과 부조리가 가득한 이 세상에서 다치지 않고 살아가는 방법이다.[16] 마음에 여유와 자유와 관용과 평안을 가지고 살아가는 방법이다. 인간의 힘으로 이해할 수 없는 신비와 더불어 살아가는 인생의 지혜가 이것이다.

욥기의 주제의 종합적 정리

앞의 1에 정리한 내용은 38:1-42:6 하나님 말씀의 핵심 주제라 할 수 있을 것이다. 이를 보충하여 욥기 전체를 조관하는 입장에서 욥기의 주제를 종합적으로 정리해 보자.[17]

---

16) 욥기와 전도서는 하나님이 다스리시는 질서의(창조질서 도덕질서 모두 포함) 불가해성(unfathomableness)에 대해 고민하는 책이어서 간단한 이해가 쉽지 않은 책들이다. 그러나 이 어려움은 그것을 극복하고 나면 극히 주권적이고 자유로우신 하나님에 대해 깊이 깨닫는 계기가 된다. 하나님과 하나님의 다스리심에 대한 한층 성숙한 이해의 길이 열리는 것이다. 그리고 이 이해는 우리 영혼에 평안과 안정이 된다. 이 점에 대해 루터의 전도서 해설이 도움이 된다. 참고: 현창학, 『구약 지혜서 연구』, 172, n. 78.

17) 이하의 내용은 졸저 『구약 지혜서 연구』, 134-38에서 찾아볼 수 있다.

욥기는 신정론(神正論)의 이슈를 깊이 다루는 책이다. 신정론 (theodicy)은 하나님(theos)과 정의(dikē)가 합쳐진 말로 인간의 고난의 관점에서 하나님의 의(義)의 문제를 논의하는 것을 말한 다. 신정론이 이스라엘에게 하나의 큰 신학적 이슈가 되고 성경 의 한 책이 이 문제에 전적으로 몰두되어 있다는 것은 흥미있는 일이다. 브루지만(Brueggemann)은 욥기를 '사회적 악,' 또는 '사 회적 과정'이라는 초점을 가지고 해석하면서, 욥기를 하나님의 인격과 성품(person and character of God)을 묻는 신정론에 국한 하여 이해하는 것은 너무 사치스러운 사변의 놀이에 불과하다고 비판한 적이 있다.[18] 필자는 브루지만의 생각에 쉽게 동의할 수 없다. 이스라엘의 정신 세계를 이해한다면 그러한 비판은 나올 수 없을 것이기 때문이다.

필자가 보기에 이스라엘은 비이스라엘인이 보면 과도하다 할 정도로 '의(義)'의 문제에 몰두해 있던 사람들이다. 하나님이 신앙의 조상 아브라함의 믿음을 의로 여겨주신(창 15:6) 것을 필 두로 구약 성경의 신앙은 한 마디로 하나님과 이스라엘 사이의 "의"의 관계를 중심으로 표현되어 있다 해도 과언이 아니다. 레 위기를 한 예로 들 수 있는데, 레위기는 책 전체가 의에 대한 관 심을 표출하고 있다. 제사를 통해 의를 확보하여 하나님과 교제

---

18) Brueggemann은 하나님이 의로우신가 아닌가 하는 (하나님의 인격과 성품에 대 한) 논의는 하루하루 생활이 생존 싸움인 주변부(marginal) 사람들에게는 지나 치게 사치스러우며 사변적인 것이라고 말한다. W. Brueggemann, "Theodicy in a Social Dimension," *JSOT* 33 (1985), pp. 4~5.

하고자 하고(1-10장), 성결을 통해 의를 확보하여 하나님과 교제하고자 한다(11-27장). 이스라엘의 정신이 의에 사로잡혀 있는 것은 그들의 기도책인 시편을 볼 때 가장 분명히 나타난다. 시인들이 자신의 의를 내세움으로 하나님께 결백 증명을 구하고 안전한 교제의 터를 확보하고자 안간힘을 쓰는 것을 볼 수 있다. 다른 예도 수없이 많지만, 한두 가지 예로 충분하다: 시 34:15 "여호와의 눈은 의인을 향하시고 그 귀는 저희 부르짖음에 기울이시는도다"; 142:7 "주께서 나를 후대하시리니 의인이 나를 두르리이다."[19] 이러한 이스라엘의 의에 대한 대단한 관심은 잘못된 것이 아니다. 이 소중한 관심은 마침내 예수께서 십자가를 지심으로 인류의 죄를 사하시고 의를 확보해 주시는[20] 데에 이르기까지 긴 구원 역사의 끈질기고 강력한 추진력(drive)이 되어 주는 것이다. 따라서 이스라엘의 의에 대한 관심은 성경의 구속 역사를 위해서 절대적으로 필요하고 또한 바른 것이었다.[21]

우리는 욥기에서 이러한 이스라엘의 뿌리칠 수 없는 관심의

19) 이외에도 의인 또는 의에 대해 언급하는 곳이 시편에 수없이 많다: 1:5, 6; 5:12; 7:9, 11; 11:5, 7; 14:5; 31:18; 32:11; 33:1; 34:19, 21; 37:16 등등. '의인'이나 '의'는 성경에 가장 많이 나오는 단어 중 하나인데 그 중 상당수는 시편에서 찾을 수 있다(W. S. Lasor 외 2인, 『구약개관』, 박철현 옮김[서울: 크리스챤 다이제스트, 1997], pp. 578~579 참조).

20) 롬 4:25 "예수는 우리 범죄함을 위하여 내어 줌이 되고 또한 우리를 의롭다 하심을 위하여 살아나셨느니라"; 롬 5:16 "심판은 한 사람을 인하여 정죄에 이르렀으나 은사는 많은 범죄를 인하여 의롭다 하심에 이름이니라."

21) 이스라엘의 의에 대한 관심은 또한 모범과 교훈의 기능도 있다. 이것은 앞으로 하나님께 나아올 이방들에게 인간의 일차적으로 가져야 할 바른 관심은 기복이나 안정, 번영 따위가 아니고 하나님과의 관계(의)이어야 함을 교훈하는 것이다.

일단을 본다. 이스라엘의 의에 대한 대단한 관심은 어찌 보면 욥기에서 과격한 양상을 띠고 나타난다고 볼 수 있다. 어떤 특수한 상황(의인의 고난)을 만나서 그들의 의에 대한 관심은 "과연 하나님은 의로우신가" 하는 질문으로까지 번지고 있기 때문이다. 여기서 우리는 그 질문을 한가하다거나 사치스러운 것이라고 간단히 치부할 수 없다고 본다. 왜냐하면 그 질문 속에는 하나님과의 관계 속에 오랜 기간 형성되어온 이스라엘의 진지한 관심이 치열하게 표출되어 있기 때문이다. 이런 배경을 가지고 있는 것이 신정론이라 생각된다. 철저한 신앙의 사람들의 철저한 신앙의 관심에 대해 하나님은 뿌리치지 않으시고 (비록 이해하기 어려운 바가 없는 것이 아니나) 진지하게 답해 주셨다. 비록 그 질문이 감히 자신(하나님)의 의까지 묻는 도발적인 것이라 해도 그것에 대해 진지하게 답해 주셨다. 그것이 욥기이다.

신정론의 질문에 대한 욥기의 답을 종합적으로 정리해 보자. 물론 욥기는 아직도 학자들 사이에 의견이 일치하지 않는 부분이 많은 난해한 책이다. 그런 만큼 욥기는 열려있는 책이라는 점을 인정하는 겸손도 동시에 필요할 것이다. 그러므로 다음에 정리하는 것들은 절대 확정적인 것들이라기보다는 '긍정적으로 수납할 수 있는' 몇 개의 메시지들이라 부르는 것이 좋겠다. 다음 네 가지 정도가 이 시점에서 본고가 정리할 수 있는 욥기의 주제이다.

(1) 인간의 고난, 또는 하나님이 운영하시는 도덕 질서(또는 그분의 주권-섭리)란 인간의 눈에는 불가해한(unfathomable, inscrutable) 것이다. 고난은 보응의 원리, 또는 반(反)보응의 원리가 답을 할 수 없는 수수께끼(mystery)이다.

(2) 인간의 눈에는 불가해하지만 하나님은 여전히 의로운 통치자이시다. 악과 혼돈을 용납치 않으시고 제거하시며 궁극적으로 정의를 구현시키신다.

(3) 인간에게 불가해한 고난이 오고 하나님은 침묵하시는 것 같고 인간은 그분의 '안 계신 것 같음'(absence) 혹은 '숨겨져 있음'(hiddenness)을 경험하게 될 때에도, 그러나 그 분은 거기에 여전히 계시다(He is still there)! 기도에 참으로 오랜 인내가 요구될 때 인간은 하나님이 자기 백성과 함께 계시겠다는 약속이[22] 여전히 유효한지 의심할 수도 있다. 그러나 그분은 당혹과 의혹을 넘어 자기 백성과 여전히 함께 계시다! 하나님의 백성은 하나님의 지탱하시는 임재(the sustaining presence of God)를 꾸준히 소유한다. 신실하신 하나님은 함께 계시어서 자기 백성을 여전히 보호하시고 인도하신다. 불가해한 고난의 시간, 그 시간은 참되이 하나님의 주권과 사랑을 경험하는 시간일 따름이다.[23]

---

22) 하나님이 자기 백성과 함께 하신다는 약속은 구약성경에만 114회 반복된다. 일일이 열거할 필요가 없을 것이다. 수 1:9, 사 41:10, 시 23:4 등 유명한 구절을 대표적으로 들 수 있다.

23) 고경은 계속되나 하나님의 응답은 없는 것 같은, 인간으로서는 어찌 할 수 없는 어려운 상황이 어느 정도 지속되는 수가 있다. 이런 것을 소위 숨겨져 있음(hiddenness)의 경험이라 부르기도 하는데, 그런 속에서도 하나님은 여전히 '거기에'(자

(4) 하나님의 운영은 불가해하지만 하나님은 여전히 의로운 운영을 하고 계시다. 이 의로우심은 어떤 궁극적인 시점에 가서 보응의 원리가 여전히 살아 있다는 사실로 나타난다. 하나님은 자기 백성의 의를 소중하게 간직하시고 결국 이를 갚아 주신다. 아무리 이해되지 않는 갈등과 고통의 과정이 있다 하더라도 의인의 고난은 여전히 의미와 가치를 지니는 것이다. 하나님의 눈은 의인을 향하여 있으며, 고난자의 의(義)는 최상의 가치를 가지는 것이고 하나님이 무엇보다 소중히 여기신다.

의인의 고난에 대해 고민하는 욥을 만나주시고 대답해 주신 하나님은 또한 욥의 고난도 말끔히 해결해 주셨다(42:7-17). 욥의 고통 자체가 해소되므로 욥이 그의 응수에서 제기한 요소들, 즉 (1) '하나님을 향한 불평'과 (2) '친구들에 대한 질책'에[24] 대해서도 하나님이 응답하신 것으로 볼 수 있다. 하나님은 적절한 시간에 고난 자체도 제거해 주시는 분이심을 말해 준다. 그 제거 역시 어떤 알 수 있는 과정을 통해서 된 것은 아니다. 언제 온 것

기 백성과 함께) 계시다는 것이 욥기의 메시지이다. 하나님은 여전히 거기에(고난의 자리에) 계셔서 자신의 백성을 지키시고 보호하시고 인도하고 계시다. 따라서 성도는 인내로써 기도하며 꾸준히 그리고 여전히 하나님을 의지해야 한다. 이것은 지극히 평범한 진술이지만 이 진술은 욥기를 통과하며 새로운 깊이를 얻게 된다. 믿을 수 없는 자리, 곧 그 자리가 바로 (새로운) 믿음의 자리인 것이다. 오랜 인내가 요구된 시간은 낙심이나 좌절의 시간이 아니라 인간의 이해나 인지, 믿음 마저 넘어서는 하나님의 사랑과 지혜를 체험하는 시간이다. 참으로 하나님의 주권과 그분의 사랑만을 의지하게 되는 차원 높은 믿음으로의 도약의 기회이다. 욥기가 명하는(또는 격려하는) 믿음을 한 마디로 표현한다면 그것은, 믿을 수 없음을 한번 거친, 믿을 수 없음을 넘어선 믿음이라 할 수 있을 것이다.

24) 이에 대해서는 졸저 『구약 지혜서 연구』, 115-29 참조.

인지 어떻게 온 것인지 알 수 없는 가운데 그저 회복이 다가왔다 (42:10). 힘들게 했던 과거의 그 심각한 고민과 혼돈의 뿌리가 일순 사라져 버리고, 풍부한 복락의 날이 드디어 찾아온 것이다 (42:12-17). 이것은 또 하나의 신비인데, 하나님은 큰 자비와 긍휼로써, 갈등하며 인내하는 자에게 "주께서 주신 결말"(약 5:11)을 보게 하시는 분이신 것이다.

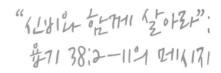

"신비와 함께 살아라": 욥기 38:2-11의 메시지

욥기는 메시지를 이해하기가 난해한 책이다. 욥기의 어느 부분이 욥기 저자가 진정으로 자신이 의도하는 바를 말하고자 하는 곳인지 정하기 어렵거니와, 설령 정한다 해도 그 부분의 의미가 무엇인지 파악하기 어렵다. 대체적인 견해는 욥기의 궁극적 메시지는 욥기 38-41장에 나오는 하나님의 발언(God's speeches)에 주어져 있다고 보는 것이다. 이 부분이 책의 제일 말미에 주어져서 기나긴 욥과 세 친구들 사이의 설전을 마감하는 형식으로 주어져 있기 때문이다. 필자도 이러한 대체적인 견해에 동의하여 하나님의 발언에서 욥기의 메시지를 찾을 수 있다고 보는 입장이다.[1] 문제는 과연 욥기 38-41장은 무엇을 말하고자 하는가이다. 여기서는 욥 38-41장의 메시지를 찾는 작업의 일환으로 말씀의 시작 부분인 38:2-11이 무엇을 말씀하는가 하는 것을 알아

---

1) 욥기의 의미를 어디서 찾을 것인가에 대한 여러 논의와 필자의 입장에 대한 보다 상세한 설명은 졸고 "욥기의 주제," 「신학정론」 21/1 (2003): 24-25, 25 n. 27을 참고.

보기로 한다. 38:2-11이 무엇을 말씀하는가 하는 것을 파악하게 되면 그것은 38-41장 전체의 메시지를 이해하는 데 큰 도움이 될 것이다.

지난한 과정을 거쳐 38:2-11을 주해해 보면 다음과 같은 결론을 얻을 수 있다.

참으로 이상한 것은 욥과 세 친구간의 치열한 논쟁의 주제였던 무고한 자의 고난(innocent suffering) 또는 보응의 원리(retribution principle) 따위에 대해서는 하나님께서 일언반구도 구체적인 언급을 하지 않으신다는 것이다(이는 하나님의 말씀 전체의 문제이기도 하다). 하나님의 이 침묵은 무엇을 의미하는 것인가? 하나님은 욥과 그의 친구들이 벌인 지루했던 논쟁의 주제에 대해 언급하시기를 거부하고 계신 것이다. 이렇게 하시게 된 데는 신학적이기 이전에 우선 문학적인—또는 극적인—이유가 있다고 보아야 할 것이다. 욥기는 욥과 그의 친구들(엘리후까지 포함)의 논쟁이 그들 자신에게는 처절할 정도로 심각한 것이었음을 충분히 인정한다. 하지만 한편으로는 극의 재미를 더하기 위하여 이 등장 인물들을 우스꽝스러운 일종의 광대들로 묘사하는 재치를 (마음껏) 보여주고 있기도 하다. 욥기에 융합되어 있는 이러한 극적이고 문학적인 코드를 읽는 것이 욥기의 이해에 매우 중요하다고 생각된다. 즉, 욥과 세 친구들은 심각한 자신들의 입장을 피력하고 있는 것은 사실이지만, 이 '광대들'의 토론은 정도를 넘어 과민과 편파적 집착이라 할 정도의 병적인 수준으로 발전하고 있다. 서로 상대를 비난하면서 자신의 정당성을 옹호하다 보니 그 차별화가 지나쳐서 결국은 첨예한 극한까지 가서, 거기 서서 자신들의 입장을 묘사하고 합리화하고 변명을 하고 있는 것이다. 그들의 토론은 결국 문제의 본질을 다룰 수 있는 건강성을 상실한, 이전투구의 우스꽝스러운 싸움이 되어버렸던 것이다. 이것이 하나님께서 이들의 토론의 재판관이 되시기를 거부하신 우선적인 이유이다(사람에게 판정관이 되어달라고 부탁해도 거절했을 것이다!). 즉, 하나님이 직접적인 답변을 안 하신 것은 이들의 논쟁이 '인간의 논쟁'이기 때문이 아니라, 우선적으로 그것이 정상적이고 건설적인 토론이 되지 못하고 있었기 때문이다. 수준이 되지 않는 신경질적인 '광대들의 싸움'에 하나님은 개입하실 수가 없으셨을 것이다.

그 다음에 신학적인 이유가 있을 것이다. 욥과 친구들이 설령 편견과 아집, 자기보호라는 수구적 태도들을 버리고 철저히 자유로운 상태에서 정상적인 토론을 했다 해도 하나님이 주제에 대해 직접적으로 언급하시는 일은 반드시 기대할 수는 없는 것이다. 왜냐하면, 하나님의 말씀 전체를 면밀히 주해하고 최종적인 해석을 마친 다음에야 알 수 있는 일이긴 하지만, 하나님이 인간(특히 욥)에게 주시고자 하는 교훈은 인간이 알아들을 수 있는 논술의 범위를 초월하는 것이었기 때문이다. 어쩌면 제기된 '인간적' 주제에 대해 직접적인 언급을 피하시는 것(침묵)이 가장 확실한 하나의 답변이라고 할 수도 있을 것이다. 보응의 원리에 대해서 언급하시는 대신 하나님은 욥을 데리고 미지의 우주에로 (긴) 여행을 떠나신다. 자연세계의 신비에로 욥의 주의를 끌어가신다. 욥은 자연의 질서라는, 아는 것 같으면서도 전혀 알지 못하고 있는 실체에로 학습을 위하여 인도되고 있는 것이다. 이제 무언가 중요한 것이 말씀해지려 한다.

보응의 원리에 대한 논의는 세 단계를 통하여 전개된다고 볼 수 있다. 이는 물론 시간상의 순서를 강조한 것이라기보다는 논리적인 순서를 의미하는 단계들이다. 제1단계는 방위설정(orientation)의 단계인데 보응의 원리를 긍정하는 것을 말한다. 친구들의 입장이다. 제2단계는 방위이탈(disorientation)의 단계인데 제시된 보응의 원리를 부정하는 것을 말한다. 욥의 입장이다.[2] 제3단계는 방위재정립(reorientation)의 단계인데 문제가 되어온 도덕 질서를 다시 정의하는 것을 말한다. 하나님의 입장이다. 1, 2 단계는 친구들과 욥 사이의 난타전에 나타난다. 한 편은 보응을 도덕 세계의 원리로 강력히 주장하고 다른 한 편은 그 원리를 (적어도 그 원리의 시행을) 정면으로 부정한다. 이 모순의 극한 대립은 하나님의 말씀에 의해 극복되는데 하나님은 인간의 언어나

---

2) 욥기를 면밀히 살피면 욥이 보응의 원리를 그 자체로 완전히 부정하고 있는 것 같지는 않다. 여기서는 다만 논의 전개의 단순화를 위하여 간단한 설정을 하고 있을 뿐이다. 욥의 보응의 원리에 대한 입장 설명은 다음의 주에 보다 상세히 하기로 한다.

인식 구조를 통해 말씀하시기를 거부하고(하실 수도 없고) 상징과 상상의 방법을 통해 인간(욥)이 깨달아 주기를 기대하고 계시다. 방위재정립(도덕 질서의 재정의)은 기본적으로 인간의 기준으로 "언명될"(uttered) 수 있는 성질의 것이 아니었기 때문이다.

하나님은 질문을 통하여 욥에게 접근하신다. 욥은 무생물과 생물의 세계를 하나님과 여행하도록 초청된다. 결국에 가서 욥은 그 자신이 작다는 깨달음에 도달하며 입을 다물게 되고(40:4, 5) '지식' 없이 말한(42:3) 것에 대해 회개하게 된다(42:6). 어떤 깨달음이 왔고 무엇을 회개한 것인가? 욥기 자체가 말하지 않으니 그 깨달음이나 뉘우침은 아마도 말로는 다 표현할 수 없는 종류의 것이었을 가능성이 크다. 이를 이해하기 위하여 다시 말(산문)로 진술해 보려 한다는 것은 산문으로는 표현할 수 없었기 때문에 시로 나타냈던 것을 다시 산문화하는 억지가 따를 수 있으나 그래도 허락되는 데까지는 기술(記述)을 통해 이해하려는 노력을 기울여야 할 것이다. 적어도 우리의 본문 38:2-11의 "땅"과 "바다"의 예가 욥의 깨우침과 관련되어 말씀하는 바가 무엇인지 살펴보자. 땅과 바다가 상징하는 것은 아마도 인간이 침투할 수 없는 영역의 실재성에 관한 것일 것이다. 하나님이 지으신 이 세계에는 인간의 인지와 파악 능력이 이를 수 없는 경역이 필연코 존재한다는 것일 것이다. 이제 인간은 토론을 마쳐야 할 것이다. 보응의 원리는 그 자체 진리인 우주의 원리이다. 그러나 보응의 원리가 설명할 수 없는 인간의 실존적 상황이 얼마든지 존재한다는 것도 엄연한 사실이다. 하나님은 원리는 알지만 인간의 삶에 대해서는 눈을 감아 버린 외눈박이 신학자들(친구들)에게는 답변을 할 가치조차 느끼시지 않으신 듯하다. 연설은 욥에게 주어졌다! 실제로 몸으로 고초와 '부당함'을 겪고 있는 욥에게이다. 보응의 원리라는 위대한 자연의 법칙이 존재하는 데도 자신에게는 그 반대의 적용이 이루어지고 있는 것에 대해 고민하는 욥에게[3] 하나님은 세계는 인간의 이성이 다 이해할 수 없는 신비의 영역임을 일깨워 주고 계시며, 인간(욥)은 이제 토론을 마치고("입을 다물고") 이를 겸허히 받아들이게 인도되고 있는 것이다. 이와 더불어(아마도 같이) 주어지는 한 가지 말씀이 더 있다면 그것은 그토록 욥이 고민해 왔던 세상에 존재하는 악(evil)과 하나님의 의(justice)의 문제에 대한 답변일 것이다. 역시 상징적으로 표현이 되어서 정확히는 알 수 없으나, 38:8-11의 바다(물결)

---

3) 단순히 욥이 보응의 원리를 부정했다고 결론하기 쉬우나 사실은 욥은 보응의 원리 자체를 부정한 사람은 아니다. 오히려 그 자신은 그것을 믿은 사람이었고 다만 그 원리의 시행이 잘못되었다고(특히 자신에게) 주장했을 뿐이다. 이 점은 바르게 이해될 필요가 있는데 Crenshaw가 필자와 같은 견해를 가지고 있는 것으로 나타난다. 그는 그의 전도서 주석에서 전도자에 비해서 욥은 '보수적'이라고 말하면서 전도자는 그렇지 않지만 욥은 보응의 원리에 대한 신앙이 있었다고 설명하고 있다: "The unknown author of Job portrays an extreme instance of innocent suffering, but even Job himself assumes a causal connection between deed and consequence." James Crenshaw, *Ecclesiastes*, OTL (Philadelphia: Westminster Press, 1987), p. 23. 욥이 보응의 원리를 사실상(암시적으로) 인정하고 있는 예를 여럿 들 수 있는데 다음과 같다: 9:2, 28; 10:2, 6; 13:23; 14:13; 19:25; 23:7; 27:2. 욥은 24:18-20, 24에서는(비평학자들 뿐만 아니라 일부 보수적인 학자들까지도 문제삼는 27:13-23은 제외하고) 보응의 원리를 명시적으로 시인하고 있다.

의 통제에 관한 이미지는 하나님께서 여전히 악을 통제하시고 그 악의 확산을 저지하시는 여전히 의로운 분이시라는(욥의 주장처럼 하나님은 불의하거나 악한 분이 아니시라는) 메시지를 엄중히 전하고 있는 것이 아닌가 한다. 다만 그 통제·통치의 크기와 범위를 인간(욥)이 채 깨닫지 못하고 있을 뿐이다. 8절의 "울타리를 치다"(개역개정 "가두다")라는 말의 용도가 이를 잘 보여준다. 이 말은 욥기 안에서 서로 다른 의미로 쓰인다. 3:23에서는 욥이 하나님이 자신을 억압하고 통제하신다고 불평을 말할 때 이 단어를 썼다. 그러나 38:8에서는 긍정적인 의미로 쓰이는데, 즉 하나님은 바다를 제어하여 사물의 질서(의의 질서)를 세워나가는 분이라는 것을 말하는 데 쓰인다. 인간에게 불필요하고 때로는 악하게 보이는 것들이라도 다 의로운 질서를 위하여 존재하는 것일 수 있다는 말이다. 하나님의 의는 긍정되어야 하며 또한 이 의의 실재는 인간(욥)의 이해를 넘어선 것이라는 말씀이 공명처럼 본문 38:2-11에서 울려나온다. 어쩌면 우리의 본문 38:2-11 안에 하나님의 말씀 전체(첫째와 둘째)의 메시지가 이미 다 들어 있는 것이 아닌가 싶다.

인간은 좀 더 많이 알아서 하나님을 조종할 수 있는 수준까지 될 수는 없다. 특히 보응의 원리 또는 반(反) 보응의 원리 따위의 몇 개의 법칙을 가지고 하나님을 제한할 수는 더욱 없다. 또한 자신을 우주의 중심으로 생각하고 자신의 주변의 모든 것이 자신에게 의미가 있고 유익한 것으로만 존재해야 한다고 주장할 수도 없다.[4] 그는 우주의 주인이 아니다! 이를 수 없는 신비 앞에 신비와 더불어 살망정 자신의 자신됨을 망각해서는 안 된다. 그러나 여전히 하나님은 우주를 경영하고 계시다. 그러시면서 자신이 전혀 존재하지 않는 것처럼 보여 왔지만 여전히 욥과 함께 계시다! 전혀 나타나시지 않을 것만 같았던 하나님은 결국은 욥 앞에 나타나신 것이다(38:1). 가장 숨겨져 계신 존재이시면서 동시에 가장 현존하시는 존재로서(most hidden and most present)[5] 하나님은 자신을 계시하신다. 그는 욥과 함께 계셔주시며 하나님의 방법으로 그의 신비를 이해시킴으로 "발견되지 않는 가운데 발견되시고 계신"[6] 것이다. 머지 않아 오래 '인내한' 욥에게 온전한 회복과 복락의 시간이 다가올 것이다.

---

4) John C. L. Gibson, 『욥기』, 바클레이패턴 구약주석, 박양조 옮김 (서울: 기독교문사, 1987), 303-307쪽 참조.

5) St. Augustine, *The Confessions*, Bk 1 Ch 4.

6) *The Confessions*, Bk 1 Ch 6.

욥기 통해 하나님 알기

우주에는 의(義) 또는 정의라는 하나님의 도덕 질서가 존재한다. 의롭고 바른 삶에 축복과 형통이 따르고 악하고 그릇된 삶에는 낭패와 패망이 따른다는 질서이다. 특별히 잠언이 이 질서를 힘주어 가르치고 있다.

문제는 이런 질서가 지상을 살아가는 인간의 눈에 항상 인지되지 않는다는 점이다. 인간의 눈에 세계는 혼돈과 무질서일 때가 너무 많은 것이다. 바르게 행했는데 좋지 않은 결과를 받아들이기도 하고, 그릇되게 행했는데도 잘되고 형통하기도 하는 식의 현상적 무질서가 수없이 목도되는 것이 지상의 현실이다. 욥기는 이와 같은 혼돈스러운 질서를 대하는 신앙인의 고민이다.

긴 토론은 생략하고 한 마디로 욥기는 이러한 납득이 안 되는 현실 앞에서 쉽게 좌절하지 말고 하나님의 깊은 경륜에 대해 생각할 줄 아는 새롭고 성숙한 신앙의 면모를 갖출 것을 권면하는 책이다. 당장 눈에 보이는 현실은 무질서 그 자체이지만 하나님은 궁극적으로 의의 통치를 하고 계시다. 시간이 오래 걸릴 수는 있다. 하지만 적절한 하나님의 때에 의는 반드시 승리하고 형통하며 악은 반드시 패퇴되고 패망하게 된다.

다만 중요한 것은 아무리 힘겨운 현실 속이라 하더라도 하나님은 하나님의 백성의 고통의 자리에 (안 계신 것 같지만 사실은) 늘 함께 해주신다는 사실이다. 욥기 3장에서 37장까지의 혈투에 가까운 긴 토론은 인간의 긴 고통과 무의미와 좌절의 현실을 상징한다. 그런데 이 현실은 38장 초두의 갑작스런 하나님의 등장에 의해 180도 역전된다. 하나님이 그 긴 좌절의 기간 동안 줄곧 욥과 함께 계셨음을 말씀해 주기 때문이다. 긴 부재(absence) 경험은 사실상 부재가 아니었고 다만 "감춰진" 임재(hidden presence)일 뿐이었다. 이 임재의 "감추임"에 대해 가르쳐 주려는 것이 욥기이다. 믿음마저 공중 분해되는 것 같은 좌절 속에서도 하나님은 결코 그의 백성을 떠나는 법이 없고 줄곧 그와 함께 계시다! 인간의 힘으로는 도저히 버틸 수 없는 자리, 믿음마저 공중 분해되는 것 같은 자리라 하더라도 하나님은 여전히 '거기에'(자기 백성과 함께) 계시다! 내 믿음이 무엇을 해낸다 생각하지 말고 오직 하나님의 자유로운 그리고 깊은 사랑이 나를 지킨다는 사실을 유념하도록 하자. 교의적 표현을 쓴다면 "저항할 수 없는 은혜"와 "성도의 견인"으로 표현되는 전적인 하나님의 은혜가 있기에, 그리고 오직 그것만으로 어떠한 위기의 순간을 지난다

해도 우리는 안전하다. "사망의 음침한 골짜기" 중에 "주께서 나와 함께 하시는" 경험이(시 23:4) 바로 하나님의 부재와 임재 경험이다.

또 한 가지 중요한 것은 하나님의 우주 운영에 대한 우리의 마음의 태도이다. 하나님의 도덕 질서 운영은 우리의 눈에 다 이해되지 않는다. 욥기가 핵심적으로 말하고자 하는 것은 우리는 주변에 일어나는 일들을 다 이해하거나 하나님이 하시는 모든 일에 납득할 만한 설명을 들으며 살아가는 존재가 아니라는 점이다. 하나님의 우주의 운영이란 것은 인간의 이해를 훌쩍 벗어난(incomprehensible), 인간의 탐구 능력 아주 밖에 있는(inscrutable) 것이란 것이다. 이것이 바로 38-41장의 하나님 말씀의 주제이다. 때로는 혼돈과 갈등이 있고, 모순과 악과 부조리가 있고, 내 뜻과는 전혀 맞지 않는 고통스럽고 불유쾌한 일들이 일어난다. 물론 때로는 놀이와 기쁨의 요소도 함께 있다. 우리 삶에 왜 그러한 것들이 혼재되어 있는지 우리는 알지 못하며, 다만 우리는 우리의 이해 위의, 우리의 이해를 넘어서는(over and beyond our comprehension) 신비와 더불어 살아가게 되어 있다. 다 이해하려 하지 말고, 군이 표현한다면 "이해할 수 없음을 넘어선 이해"(understanding beyond ununderstandability)의 자세로 살아가야 한다. 다 이해가 안 되지만 우리는 우리를 위해 목숨을 버리신 그리스도의 크신 사랑과 이 큰 사랑으로 충만한 하나님의 크신 지혜를 믿는 믿음 안에 살아갈 수 있다. 튄싱(D. L. Tönsing)이 욥기를 신자에게 "하나님의 자유에 대한 너그러운 사랑과 존경심"(the free love and respect for God's freedom)을 지니도록 요청하는 책이라고 요약한 것은 잘된 것이다. 하나님의 자유에 대해 크심에 대해 눈뜨게 될 때 하나님의 백성은 하나님의 깊고 큰 사랑에 감사하면서 하나님과 이웃과 세계에 대해 넓은 마음을 품는 데로 성장하게 될 것이다.